广西哲学社会科学规划重点项目"滇桂沿边开放模式比较与合作机制研究"
（批准号：15AJL002）

沿边开放模式比较与合作机制研究
——基于滇桂地区的实践

A Comparative Study on the Opening Modes and
Cooperation Mechanism of
Yunnan and Guangxi Border Region

黄素心／著

图书在版编目（CIP）数据

沿边开放模式比较与合作机制研究：基于滇桂地区的实践/黄素心著. —北京：经济管理出版社，2021.3

ISBN 978–7–5096–7849–7

Ⅰ.①沿⋯　Ⅱ.①黄⋯　Ⅲ.①沿边开放—区域经济合作—研究—云南、广西　Ⅳ.①F127.74②F127.67

中国版本图书馆 CIP 数据核字（2021）第 047317 号

组稿编辑：乔倩颖
责任编辑：曹　靖　郭　飞
责任印制：黄章平
责任校对：王淑卿

出版发行：经济管理出版社
　　　　　（北京市海淀区北蜂窝 8 号中雅大厦 A 座 11 层　100038）
网　　址：www.E–mp.com.cn
电　　话：(010) 51915602
印　　刷：唐山玺诚印务有限公司
经　　销：新华书店
开　　本：720mm×1000mm/16
印　　张：11
字　　数：150 千字
版　　次：2021 年 6 月第 1 版　2021 年 6 月第 1 次印刷
书　　号：ISBN 978–7–5096–7849–7
定　　价：78.00 元

·版权所有　翻印必究·

凡购本社图书，如有印装错误，由本社读者服务部负责调换。
联系地址：北京阜外月坛北小街 2 号
电话：(010) 68022974　邮编：100836

前 言

西南沿边地区是我国对外开放的重要门户,中国—东盟自由贸易区(CAFTA)建设将同处西南边陲的云南省和广西壮族自治区推到了对外开放的前沿,特别是对东盟开放的最前沿,给两省区的经济社会发展带来了巨大的促进作用。

受广西社科规划办的资助,我们自2015年12月起开始"滇桂沿边开放模式比较与合作机制研究"(广西哲学社会科学规划重点项目,批准号:15AJL002)的撰写工作。在研究过程中,我们深深感受到西南沿边地区对外开放的过程具有许多共性,又存在显著不同;既有区域竞争,也具有巨大的合作空间。本书立足于我国西南沿边地区经济开放的现实,对滇桂两省区沿边开放模式进行梳理,并对可能存在的省区合作机理进行新的诠释,理论上可为我国沿边地区的经济开放和区域经济合作提供理论自觉,丰富和发展区域开放和区域合作的理论内涵;实践上可为沿边地区充分发挥地缘优势,合作培育开放新高地,实现跨越式发展提供现实政策支持。

第1章是导论,在导论之后,本书的主体内容分为4章。第2章是沿边地区开发开放的国际经验与启示,运用归纳分析法对不同类型国家间沿边地区开放实践的政策及实效进行梳理,总结出对我国有益的启示。第3章是滇桂两省区沿边开放模式与绩效分析,运用对比法和经验分析方法,对云南广西两省区沿边开放的历程、进展、模式和绩效进行横向、纵向比较及实证研究。第 4 章是谁将是面向东南亚的门户:滇桂沿边开放中的竞争与合作,运用规范分析方法,构建理论模型探讨了边界效应视角下沿边开放模式的选择问题。以此为基础,对滇桂沿边开放采取联合开放、平行开放和贯序开放三种模式的效果分别进行数值模拟和对比,为我国沿边地区开放模式选择和区域经济合作提供理论支持。第 5 章是总结与展望,基于对滇桂沿边开放模式的比较以及对两省区沿边开放绩效的实证分析进行总结、建议与展望。

目 录

第1章 导 论 ·· 1

    1.1 研究背景及研究意义 ·· 1

    1.2 国内外研究现状 ·· 2

    1.3 本书结构与创新点 ·· 7

第2章 沿边地区开发开放的国际经验与启示 ························ 10

    2.1 研究背景与意义 ·· 10

    2.2 沿边地区开发开放的国际经验 ································· 11

    2.3 国际开发开放的比较 ·· 26

    2.4 国际开发开放对我国的启示 ····································· 30

第3章 滇桂两省区沿边开放模式与绩效分析 ························ 33

    3.1 滇桂沿边开放历程与进展 ·· 34

    3.2 滇桂沿边开放模式比较 ·· 38

    3.3 滇桂沿边开放绩效分析：基于沿边贸易数据的实证研究 ··········· 47

3.4 滇桂沿边开放存在的主要问题 ………………………………………… 52

3.5 结论与建议 ……………………………………………………………… 53

第4章 谁将是面向东南亚的门户：滇桂沿边开放中的竞争与合作 ……… 55

4.1 一场持续二十年的赛跑：滇桂竞争的背景分析 …………………… 55

4.2 理论模型：边界效应视角下三种沿边开放模式的分析比较 ……… 57

4.3 数值模拟：以滇桂两省区对越南开放为例 ………………………… 69

4.4 结论与政策建议 ……………………………………………………… 77

第5章 总结与展望 ………………………………………………………… 81

5.1 主要结论与建议 ……………………………………………………… 82

5.2 后续研究方向 ………………………………………………………… 84

附 录 ……………………………………………………………………… 86

附录1 广西对外经济贸易主要数据情况 …………………………… 86

附录2 云南对外经济贸易主要数据情况 …………………………… 128

参考文献 …………………………………………………………………… 156

后 记 ……………………………………………………………………… 167

第 1 章　导　论

1.1　研究背景及研究意义①

沿边地区是少数民族聚居区，是我国对外开放的重要门户，在国民经济社会发展中具有重要战略地位。中国—东盟自由贸易区（CAFTA）建设将同处西南沿边地区的云南省和广西壮族自治区推到了对外开放的前沿，特别是对东盟开放的最前沿，给两省区的经济社会发展带来了巨大的促进作用。广西和云南在已有的沿边开发开放过程中具有许多共性，例如同为少数民族聚居区，同样依托中国—东盟自贸区建设和大湄公河次区域合作，同样享有沿边金融改革试验区、国家重点开发开放试验区、综合保税区、跨境经济合作区等重大空间布局和开发开放平台等；在地理环境、地域文化、国际双边关系等沿边开放的

---

① 本部分内容已作为课题组成员的阶段性研究成果发表：黄素心，郭瑞. 西南沿边地区开放绩效分析：基于边境贸易数据的实证研究 [J]. 沿海企业与科技，2019（02）：48-50. 有部分删减和调整。

初始禀赋条件等方面,广西和云南又存在显著不同,例如广西具有沿海、毗邻经济发达的广东省等优势,而云南距离东南亚腹地陆路距离更近,与毗邻国家的双边关系相对更为稳定等。反映在已有的沿边开放绩效评价结果当中,广西的贸易增长更为迅猛,而云南的对外投资则异军突起;广西的平均工资增长效应更强,而云南的就业促进作用更为显著等(段春锦、范爱军,2014)。

广西和云南在新一轮开放格局中,分别扮演着连接中国市场与东盟市场的主要通道和重要桥头堡的作用,既存在区域竞争,也具有巨大的合作空间。本书立足于我国西南边疆地区经济开放的现实,对滇桂两省区沿边开放模式进行梳理,并对可能存在的省区合作机理进行新的诠释,是贯彻党的十九大"推动形成全面开放新格局"目标的具体体现;理论上可为我国沿边地区的经济开放和区域经济合作提供理论自觉,丰富和发展区域开放和区域合作的理论内涵;实践上可为沿边地区充分发挥地缘优势、合作培育开放新高地、实现跨越式发展提供现实政策支持。

1.2 国内外研究现状

1.2.1 沿边开放模式研究①

1.2.1.1 沿边地区经济发展模式与效果:基于国际视角

在对外开放过程中,沿边地区因其地理位置所形成的优势而被各国政府积

---

① 本部分内容已作为课题组成员的阶段性研究成果发表:胡超,张莹. 中国沿边开放滞后的原因与模式演进研究综述[J]. 区域经济评论,2015(05):153-160. 有部分删减和调整。

极利用，成为一国对外开放的前沿（Hanson，2005）。如美国与墨西哥边境地区的开发开放为双边地区的制造业发展、工业中心向边境地带转移、劳动力就业、经济增长均带来了显著的促进作用（Hanson，2001）；爱沙尼亚、匈牙利、斯洛文尼亚等国边境地区均抓住开放机遇创造了较好的经济表现。但也有相当一部分边境地区的开发开放效果并不理想，如原西德和原东德边境地区（Rupert，2003）、保加利亚（Traistaru等，2002）。因而边境地区的经济开放也一直是学术界关注的焦点。

1.2.1.2 我国沿边地区开放普遍存在的问题：三个层面分析

随着沿边地区在我国经济发展中地位的上升，近年来，我国对沿边地区开放的关注度不断提高，而沿边地区开放存在的问题则是首当其冲，并集中体现在宏观贸易、中观产业和微观主体三个层面：

（1）宏观贸易层面：边界效应高企。改革开放40多年，尽管我国沿边地区的边境贸易规模得到了较大扩张，但是无论发展速度还是发展效益仍远远落后于沿海地区的国际贸易（杨小娟，2013）。经过西部大开发、兴边富民工程、边界次区域经济合作安排等推动，影响边境贸易发展的负面屏蔽因素越来越少（廖乐焕，2011），但由于缺乏将各类积极因素有效整合的综合机制，导致各类中介效应因素无法充分发挥，最终边界效应依然高企，边境贸易增长乏力（胡超，2009）。

（2）中观产业层面：工业聚集缺乏。长期以来，沿边地区的产业主要以自然资源为主，产业结构调整缓慢，产业竞争力不足（李朝晖、邓翔，2011；黄晶晶，2010）。在承接东部沿海地区制造业产业转移的过程中，沿边地区的表现并不理想，并未获得东部沿海产业转移的"青睐"（李娅、伏润民，2010；刘尔思，2011）。沿边地区的产业承接具有明显的粗放性、被动性和无序性，产业集聚严重缺乏，进而引致沿边地区经济开放滞后（范剑勇，2004；郭丽娟、邓玲，2013）。

(3) 微观主体层面：自生能力不足。经济的开放最终体现为每个微观主体：个人、企业和政府的参与。但是，沿边地区微观主体普遍存在严重的自生能力不足问题，导致沿边开放动力不足，陷入"内卷式"发展（胡超、王新哲，2013）。生产率低下、吸纳就业能力弱是沿边地区企业生产能力不足的表现（郭力，2012），主要是企业生产要素（尤其是资本、信息）投入不足，生产技术落后（关爱萍等，2014）；产品结构单一，多以自然资源和农产品为主（罗洪群等，2011）；产能落后，对资源环境消耗高（李志翠等，2013）。缺乏充足的税收来源，公共服务能力弱是沿边地区政府自生能力不足的主要表现（雷振扬等，2008；杨颖等，2012）。

1.2.1.3 沿边开放实践研究：从口岸建设、岸城互动到腹地支撑

（1）口岸建设。作为开放窗口，口岸建设布局及功能发挥自然成为沿边开放进程中首要关注点。黎鹏（1999）提出了面向 21 世纪广西开放带动战略与贸易口岸体系建设问题，胡颖等（2010）对新疆霍尔果斯口岸进行了研究；蓝秋红等（2008）、张必清（2013）对云南沿边口岸建设进行了研究。

（2）岸城互动。伴随劳动力、资本、技术等生产要素的逐步汇聚，沿边城镇化发展迎来了发展机遇，口岸与口岸城市的互动成为了提高沿边开放水平的又一重要举措。针对不同沿边地域的特性，张丽君、吴凡（2014）对云南沿边口岸与口岸城市互动进行了研究；杨逎裕（2011）分析了广西沿边大石山区口岸建设与口岸城镇化发展道路问题。黄云革（2012）论述了广西凭祥口岸功能定位与口岸城市"六个转变"过程中推进边境贸易和特色产业转型升级问题。

（3）腹地支撑。囿于口岸城市市场厚度有限导致消费需求不足，市场广度狭小导致生产要素缺乏补充的制约，加之交通基础改善带来的空间距离和时间距离的压缩，"口岸—城市—腹地"开放格局在部分沿边地区付诸探索（李刚，2010；邬冰等，2012）。作为经济地域系统单元组合体，沿边口岸、口岸

城市、腹地区域只有进行纵向和横向的系统分工协作，才能实现优势互补，发挥沿边在区域经济发展中的载体地位，克服区域经济发展不平衡。

1.2.2　区域合作机制研究①

1.2.2.1　地方政府竞争下的区域政策博弈

研究文献普遍认为，我国存在行政区经济现象。优势在于：地方政府在财政压力和政绩考核的双重驱动下，在管理和组织地方经济方面发挥积极性和主动性，充分发掘和利用本地区的优势和潜力，寻求适合本地区特点的发展道路，极大地推动了地方经济的自主发展，形成了各具特色的自我发展格局（李善同等，2008）。同时，积极向中央争取优惠政策，充分利用优惠政策甚至是创造条件来演绎现有政策，这些制度重新安排给地区经济发展带来了巨大的增长潜能。劣势在于：各行政辖区间竞争在带来巨大正面激励的同时也不可避免地出现了诸如地方保护主义盛行和区域市场分割的负面效应。郑毓盛、李崇高（2003）认为，地方分割产生的市场扭曲带来了巨大的效率损失；徐现祥、李郇（2005）对长三角城市的实证研究表明，消除市场分割有利于区域协调发展。因此，市场一体化对于区域协调发展至关重要。区域市场一体化不仅意味着货物、服务、人员、资本可以完全自由流动，而且要求地方辖区内外的这些要素或产品持有者享有平等的市场准入条件和机会（冯兴元，2010）。因此，市场层面的整合必定意味着辖制竞争的制度层面的整合，需要各地方政府制定协调的区域政策。

1.2.2.2　区域协调与合作机制的建立

目前，学术界及政府部门提出促进区域协调与合作发展的主要思路是：以

---

①　本部分内容已作为课题组成员的前期研究成果发表：黄素心，王春雷. 区域经济协调发展机制研究［M］. 北京：北京理工大学出版社，2015. 有部分删减和调整。

珠三角、长三角等先富地区为中心,将地理位置相近的地区进行产业整合和资源优化配置,通过推进区域内部的经济一体化,实现先富和后富地区的"双赢"。于是,泛珠三角、泛长三角、大环渤海等经济合作区的提法及实践陆续出现。随着合作实践的开展,区域内部龙头带动、产业协同、生态共建、利益共享等问题凸显,显示出传统"行政区经济"在激励和协调地方政府行为上的缺陷。究其原因,分权所带来的"非一体化"的行政管理体制是制约区域经济融合发展的重要因素(李忠民、李善燊,2009;彭彦强,2009)。

为解决上述问题,不少学者主张通过行政区划改革、区域政府间合作组织以及非政府组织参与等方式,来解决区域经济一体化和行政区经济的矛盾冲突(王健等,2004;金太军,2007;张紧跟,2009)。这些政策建议的实质是一种统一部署的集权模式,即将区域内的多个地方政府组成一个"联合政府",全盘考虑区域整体情况,制定相应的政策与措施来协调大区域的经济发展。这种模式在信息不对称情形下(联合政府未必掌握各地实际情况),将面临较大的信息损失(王春雷、黄素心,2011)。与之相对的另一种形式是分权模式,即将权力下放给各辖区地方政府,如何设计和选择好的分权模式协调区域政策进而促进区域市场一体化,王春雷(2015)考察了平行、序贯、单边等几种区域政策协调模式的效果,认为平行模式和序贯模式是可行性较强的两种区域政策协调模式。

1.2.3 文献简评

现有文献对我国沿边地区开放以及区域均衡发展问题的剖析为本项目的深入研究奠定了一定的基础,但也存在一些局限和不足。

一是现有研究多是以某一口岸的开放模式和路径为研究对象,缺乏对沿边地区开放模式(类型、功能、绩效)的归纳和比较。即便是对各方面条件最为类似的西南边疆滇桂两省区沿边开放模式进行梳理比较,文献都相当匮乏,无法对我国沿边地区开放格局有清晰的认识,更遑论对沿边开放模式演变的一般规律的总结,导致制定的开放政策具有局限性,无法形成可复制和推广的经验。

二是现有文献没有将沿边开发开放嵌入到各省区区域竞争与合作的大格局当中进行思考,仅"就沿边论沿边"。事实上,在新一轮开放格局中规划,国家将更加注重东中西部、沿海和内地、沿边与经济腹地的联动发展。滇桂两省区在中国—东盟合作中不仅面临核心角色的竞争,同时,也因差异化发展具有巨大的合作空间。如何进一步对接珠江—西江经济带、成渝经济圈,发挥好国际大通道的作用,是滇桂两省区合作培育开放新高地,实现跨越式发展的重大课题。上述问题,将成为本书研究的主要方向,具有很大的创新空间。

本书立足于我国西南沿边地区经济开放的现实,对滇桂两省区沿边开放模式进行梳理,并对可能存在的省区合作机理进行新的诠释,理论上可为我国沿边地区的经济开放和区域经济合作提供理论自觉,丰富和发展区域开放和区域合作的理论内涵;实践上可为沿边地区充分发挥地缘优势,合作培育开放新高地,实现跨越式发展提供现实政策支持。

1.3 本书结构与创新点

1.3.1 本书结构

第1章是导论,在导论之后,本书主体内容分为4章。

第2章是沿边地区开发开放的国际经验与启示,重点对区域经济合作中沿边地区开放的国际经验进行归纳分析,一是发展中国家与发展中国家之间边境地带开放模式演变的经验；二是发达国家与发展中国家之间边境地带开放模式演变的经验；三是发达国家与发达国家之间边境地带开放模式演变的经验。通过对国际上不同类型国家之间边境地带开放模式演变的历史渊源、背景、政策及实效进行梳理，旨在归纳总结出对培育我国沿边开放新高地、促进沿边地区跨越式发展的有益启示。

第3章是滇桂两省区沿边开放模式与绩效分析。西南滇桂两省区现有各类边境口岸近17个，历经30余年的发展演变，其中，部分逐步形成了具有自身特色、对区域经济发展影响显著的开放模式；也有部分地区开放水平有限，区域影响日渐式微。基于横向和纵向比较，刻画不同开放类型、功能与绩效，并基于沿边贸易数据对滇桂开放绩效进行实证研究，以此作为后文区域合作研究的基础。

第4章是谁将是面向东南亚的门户：滇桂沿边开放中的竞争与合作。运用规范分析的方法，构建理论模型探讨了边界效应视角下沿边开放模式的选择问题。以此为基础，对滇桂沿边开放采取联合开放、平行开放和贯序开放三种模式的效果分别进行数值模拟和对比，为我国沿边地区开放模式选择和区域经济合作提供理论支持。

第5章是总结与展望，在简要总结本书主要结论的基础上，以西南沿边地区因地制宜加快开放模式优化、滇桂两省区合作机制创新为切入点，根据研究结论，提出延伸跨境合作的产业链条，促进单一边境贸易方式向综合沿边经贸合作方式发展，在城镇化建设、交通基础设施完善、跨境网络构建、金融创新合作、加快与发达省市对接等方面，促进西南沿边地区境内外口岸、口岸城市、腹地区相互融合，空间资源优化配置，打造西南沿边开放升级版等政策措施。并基于研究中的一些不足对后续研究方向进行了展望。

1.3.2 主要创新点

（1）从开放类型、功能、绩效等方面对滇桂两省区沿边开放模式进行系统总结和比较，克服了现有研究多以某一口岸为研究对象的局部性和片面性，为培育沿边开放新高地、推进沿边开放模式跨越式发展提供现实依据。

（2）针对滇桂两省区在中国—东盟国际合作最前沿的共同点，基于边界效应视角，运用两地区博弈、计算机仿真等数理方法，从理论上分析了沿边开放政策协调的微观机制和选择原则，为合作培育沿边开放新高地，推进西南沿边开放跨越式发展奠定了理论基石。

（3）跳出现有文献"就沿边论沿边"的思维范式，将沿边开发开放嵌入到各省份区域竞争与合作的大格局当中进行思考。提出延伸跨境合作的产业链条，促进单一边境贸易方式向综合边境经贸合作方式发展，在城镇化建设、交通基础设施完善、跨境网络构建、金融创新合作、加快与发达省市对接等方面，促进西南沿边地区境内外口岸、口岸城市、腹地区相互融合，为合作培育沿边开放新高地，推进西南沿边开放跨越式发展提供了实践路径。

第 2 章　沿边地区开发开放的国际经验与启示

我国边境地区幅员辽阔，人口众多，是贯彻落实中华人民共和国第十九次全国代表大会中"一带一路"倡议的重要一环。本章将着眼于世界范围内发展中国家的边境地区开放，以蒙古边境地区、巴拉圭东方市、印马泰三角区、缅印边境地区为例，从开发开放的背景、措施、成果等几个方面进行比较，分析开发开放所要具备的条件，对我国边境地区的开发开放提出了一些建议，以促进中国与周边国家、地区的经济合作。

2.1　研究背景与意义

自 20 世纪 90 年代以来，"二战"后所构成的贸易格局正随着欧洲统一的步伐面临着改变，区域间竞争以及合作成为了发展的常见模式。发展中国家如何面对这种迅速改变的环境成为了当前亟待处理的问题。借鉴新兴发展中国家边境地区开发经验，对我国打赢沿边地区脱贫攻坚战和实现富民兴边、强边固边都有着重要意义。如蒙古国与俄罗斯、中国边境地区建立跨境的经济合作区推动东北亚格局的战略平衡（哈佳，2014）。巴拉圭的东方市作为国家改革的试点地区设立自由贸易区（陈太荣等，1996）。印马泰成立经济发展三角区，利用次区域合作作为发展策略（曹云华，1996）。缅印通过缔结诸多边境地区合作协议摆脱自身发展的界限（康颖峰，2019）。

目前，我国陆地边境线总长 2.28 万千米，在世界排名第二。约有 2450 万人口，边境地区同 14 个国家毗邻，具有开发开放的有利条件。首先，我国周围国家的资源丰富。14 个毗邻国中伊朗的石油储量占全球 20%，铁、天然气、铜的储量也分别占到 34%、42%、23%，是世界大国争相争夺的重要地区。其次，从 1992 年起，国家就先后开放了 28 个边境城市，设立了黑河等 17 个边境经济合作区，开发开放有了初步的成果。回顾历史和现状，从全局来看，我国一直贯彻的对外开放基本政策从未动摇，因此，我们要充分运用我国的布局优势，争取推进我国沿边地区的进一步发展，从而实现中华民族伟大复兴。

本章将着眼于世界范围内发展中国家的边境地区开放，以蒙古边境地区、巴拉圭东方市、印马泰三角区、缅印边境地区为例，从开发开放的背景、措施、成果等几个方面进行比较，分析开发开放所要具备的条件，对我国沿边地区的开发开放提出了一些建议，以促进中国与周边国家、地区的经济合作。

2.2 沿边地区开发开放的国际经验

2.2.1 蒙古沿边地区的开发开放

2.2.1.1 蒙古沿边地区开发开放的背景

蒙古位于东亚内陆，北部与俄罗斯接壤，西部靠近哈萨克斯坦，其余地区则与中国接壤,得天独厚的地缘条件,使得边境的开发开放一直占据国内经济重要地位。蒙古拥有丰富的自然资源,煤炭、铜矿等储量位居世界前列,但是由于劳动力不足、专业技术人才短缺、资金实力不足等问题,蒙古边境经济发展一直不景气,一直到20世纪20年代,在苏联的帮扶下,蒙古才成为真正的主权国家,但经济、政治等一直都被苏联所牵制。后来苏联解体,蒙古积极调整对外政策,1985~2013年,与中国签订了一系列边境、经贸合作协议。中国是一个地大物博的国家,1992年后,经济的快速发展使中国不得不需要更多的矿物资源来满足自身需求;蒙古自然资源中矿产资源储量非常丰富,在与中国的边境地区的合作中不仅吸引了中国的大量资本,也提高了边境开采自然资源的技术,完善了部分地区的设施建设。据统计,仅2012年,双边贸易额就达66亿美元,蒙古边境地区的开发开放日新月异。

蒙俄由于政治、经济、军事等多种的因素影响,在2000年后,双边贸易才开始回温,2006年,蒙古从俄罗斯获得投资5630万美元,2007年和2008年也分别获得投资约5000万美元。俄罗斯进口蒙古的产品中,主要是矿产资源,投资合作主要集中在铁路等基础设施建设;而在蒙古进口俄罗斯的商品中,生活必需品以及高新技术占了绝大比例,两国优劣互补,契合双边战略发展需求。2008年,蒙俄双边自由贸易区——阿勒坦布格拉自贸区成功设立,进一步提升了两国边境地区经贸合作的发展。

2.2.1.2 蒙古沿边地区开发开放的主要措施

由于蒙古地广人稀,计划经济时期过度依赖苏联,基础设施建设不完善,劳动力不足。自国内开始实行市场经济之后,边境地区的开发开放主要依靠环绕着它的"中俄"两个经济大国,还有其他区域外力量推动边境的经济建设和发展。

一是边境地区设立自由贸易区,推动开发开放。蒙俄的自由贸易区阿勒坦布拉格,位于蒙古的北部,靠近俄罗斯 Khiagt 口岸,是蒙古从俄罗斯进口日用品、出口矿产资源、加工和转口贸易的方便之门，如按照自贸区规定，给予国内外企业和其他经济组织一定的优惠和协助。此外蒙、中、俄国际铁路贸易网与该自贸区相近，连接亚洲、欧洲的铁路网络方便了贸易运输。蒙中边境扎门乌德自由贸易区位于蒙古东南部的边境，与中国的二连浩特市仅有8千米，是唯一的铁路口岸。2011年6月，蒙古政府通过了该地区的总体规范法规，发展旅游、加工制造业、金融商贸服务业等。蒙哈边境查干诺尔自由贸易区，坐落于蒙古国的西部边境，2003年，蒙古国批准了有关该自贸区的法案，主要发展与邻国的旅游业，降低失业率，吸引投资，如2005年建造了一条达国际标准的公路，使该区与俄罗斯到乌列盖省相互通车。

二是加入双边经贸合作和投资促进协议，与俄国、日本、韩国、哈萨克斯坦等30多个国家签订贸易协议，推进全方位的务实合作。

三是积极参加区域合作组织，蒙古于1991年成为国际货币基金组织成员、亚洲开发银行的成员，并于1997年加入WTO。同时，蒙古是欧盟国家计划的受惠国之一，在欧盟2005年列出的暂停公共海关关税从价税的所有产品类别中，蒙古出现在该国际贸易活动中。

2.2.1.3 蒙古沿边地区开发开放的成果

进入21世纪以来，蒙古边境地区开发开放的效果显著。一是蒙古国边境贸易得到了显著提高[①]。20世纪20~90年代，蒙古虽然获得了独立主权，但是经济还一直封建落后。边境地区约90%的经济仅依靠当地的牧业部门。进入21世纪后，蒙古积极改变经济发展的模式，推动边境地区的经贸发展，使得矿产和能源得到了有效的开发与合作，边境贸易额一日千里。一方面，在边境贸易的带动下，国家经贸合作也受到了积极影响，2007年蒙俄两国的贸易

---

① 资料来源：GANZORIG BOLORTUYA（包勒尔图雅）. 中国二连浩特口岸与蒙古国扎门乌德口岸边境贸易发展研究［D］. 东北财经大学，2017.

额就达到了 7.89 亿美元，2012 年，中蒙双边的贸易额达 66 亿美元。另一方面，蒙古开设的多个边境口岸为周边国家的游客提供了来往的方便，仅 2011 年的前 8 个月，到蒙古的外国游客就达到 31.5 万人次，同比增长 27.3%，旅游业的收入达到创纪录的 1.59 亿美元。蒙古由于纬度较高，自然环境常年温度较低，不适宜栽植水果蔬菜，因此，水果蔬菜只能依赖进口，蒙古主要通过边境贸易港口二连浩特—扎门乌德进口邻国的水果、蔬菜等生活必需品和日常用品，据统计，仅此口岸的进口就满足了蒙古内日常需求的 2/3[①]，边境人民生活基本问题得到解决，如图 2-1 和图 2-2 所示。

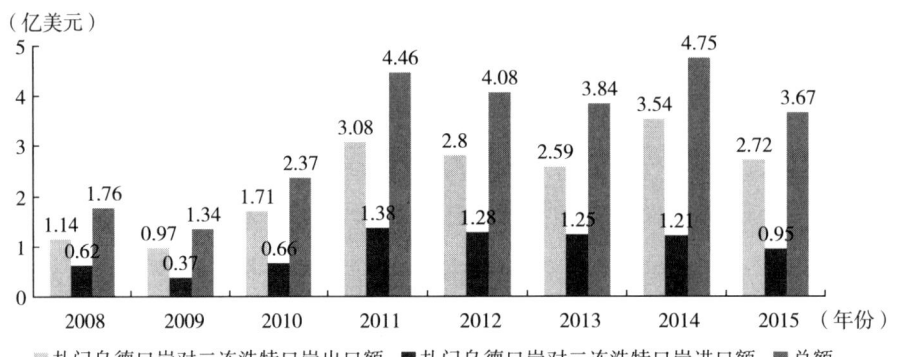

图 2-1 蒙中边境贸易额

二是边境地区基础设施建设得到了完善。过去的蒙古口岸存在着经济建设落后、管理无序的问题，无法跟上双边贸易发展的需要。2002 年，俄罗斯总统访问蒙古，为加强双边边境口岸的建设，进行了信息互换、海关人员培训，增设了海关边检站等。2001~2003 年，建成和完善了恰克图边境口岸，每天

---

① 资料来源：GANZORIG BOLORTUYA（包勒尔图雅）. 中国二连浩特口岸与蒙古国扎门乌德口岸边境贸易发展研究 [D]. 东北财经大学，2017.

可接纳500辆汽车和2500人通关。为了培养边境自贸区开发开放所需人才，蒙古2003年在色楞格省苏赫巴托县建立了俄罗斯科技大学分校，由俄方负责蒙古边境的教资，培养了边境地区大量的专业人才。2008~2014年，阿勒坦布拉格边境自由贸易区逐步建成了商品储藏区、加工区、银行、技术监督区等，供电、供水、供暖等基础设施工程也正式完成。

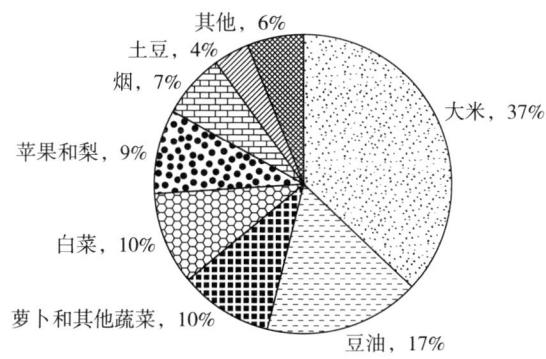

图2-2 2011~2015年扎门乌德口岸从二连浩特口岸进口食品结构

三是边境地区的开发吸引了大量的外商投资。蒙古是欧盟普遍优惠制受惠国之一，蒙古作为前十名首先执行的国家，有21.3%的商品享有该优惠，而且这些通过边境口岸出口到欧盟市场的商品总值高达124亿欧元，目前，只有两个亚洲国家才能享受此优惠，这一政策为蒙古吸引了大量投资。2004年，蒙古有295家外来投资公司来自俄罗斯，2008年时数量上涨到428家；韩国在蒙古国的投资数额也在逐年增长，截止到2010年，已累计投资近3亿美元。2006年9月至今，中国、韩国、日本、俄罗斯、加拿大等国家的100多个公司已经在阿勒坦布拉格边境自由贸易区购买和租用了400公顷的土地。边境地区的开发开放为蒙古吸引外来投资形成了强大的杠杆作用。

2.2.2 巴拉圭沿边地区的开发开放

2.2.2.1 巴拉圭沿边地区开发开放的背景

巴拉圭边境小城东方市处于巴拉圭、巴西以及阿根廷三个国家的交界处，相邻南美洲巴拉那河，与巴西边陲重城伊瓜苏市、阿根廷伊瓜苏港市形成三角地带。巴拉圭在未实行新的经济政策之前，只是一个教育程度低并且经济十分落后的国家，最东边的边境城市东方城也只有一条黄土路。1984年，巴西与巴拉圭交界处的伊泰普水电站大坝建成，成为了当时世界发电量最大的水电站，东方城依靠建造水电站的工程人员为主体逐渐繁荣起来。到了20世纪90年代，鉴于智利推行新政策的成功，巴拉圭政府开始奉行新自由主义经济政策，将边境小镇东方城由于其特殊的地理位置作为试点实行特殊政策进行开发开放，由于对周边国家实行一线放开的开放政策，边境贸易、旅游业迅速发展，大量华裔进入东方城贩货，巴拉圭整个国家的财政收入、就业问题都与边境地区东方城的商业发展休戚相关。1994年，边境东方城自贸区取得的迅速成功，被美国《福布斯》杂志评为世界排名第三的商业中心，东方城由一个边境小镇逐步发展为巴拉圭的第二大城市。

2.2.2.2 巴拉圭沿边地区开发开放的主要措施

一是设立边境自贸区，拉动边境贸易增长。在投资方面，边境地区东方城实行自由化的投资，不限国籍、不限规模、不限产业地进行全面开放，减少外来企业的注册手续。反之，相邻的巴西、阿根廷边境区却仍然沿用着以往的保护主义政策。在税收方面，实行低税率、低关税。同样的商品在巴西的关税税率为45%，而在东方城最高不超过10%，巴西和阿根廷实行的边境海关措施是，允许单人单次出入境可免税携带一定数量的商品，进一步促进了边境小镇东方城的边境贸易发展。在外汇方面，毗邻的巴西与阿根廷实行严格外汇管制，如果想要在当地投资，必须要换成当地货币；巴拉圭为促进开发开放，实行自由的外汇制度,在东方市可以用美金、瓜拉尼、雷亚尔、阿根廷比索等进行交易,方便快捷。另外,东方城还对大量的商品实行免税制度,无论是生活成本、经营成本都比邻国低廉。

二是加入区域合作组织,促进资本自由流动。1991年3月26日巴西、阿根廷、乌拉圭、巴拉圭四国在巴拉圭签署《亚松森条约》,条约的主要内容有:①条约国之间实现资金、资本的自由流动。②在取消关税的过程中,逐渐消除非关税壁垒。③在财政、服务、资本、运输、海关等领域设立共同关税。④在本区域外的其他经贸组织上协调立场。为了到1995年计划可以如期实现,4国举行了6次首脑会议,成立了共同市场委员会,下设10个工作小组进行指导,确保在规定的期限实现预定的目标。1995年1月1日,南方共同市场正式启动,对外逐渐实行同一关税。除此以外,中国的台北市、高雄市和新竹市分别于1989年和1991年与东方市结为姐妹城市。

三是进行劳工立法,提高就业机会,保障劳工的就业权益。1993年10月19日,瓦斯莫西总统颁布了新的劳工法,主要规定如下:①最低工资标准应能保障劳动者的正常生活需要,国家设有最低工资委员会,负责按照实际情况对薪资进行调整。自1994年1月1日起,巴拉圭最低工资标准调整为约182.5美元。②劳动人民有权利自行组织公会,维护个人的合法权益。③规定劳动时间,白天、夜晚工作日的工作时间分别不允许超过8个、7个小时,并且着重强调妇女和男性青少年不准加班。④劳动者每年都有带薪休假,妇女每人有63天的产假。⑤建立社会保险体系,成立社会保险委员会。⑥对熟练工人与非熟练工人制定不同的试用期,雇主无正当理由解雇的应付给劳工相应的赔偿费用。

四是建立伊泰普水电站大坝,满足国内需求的同时解决历史纠纷。巴拉圭的东方市和巴西伊瓜苏市以及阿根廷的伊瓜苏港市形成了一个三角地带。伊瓜苏河和巴拉那河就交汇于这个三角地带口。1966年,巴西和巴拉圭签署《伊瓜苏协议》，决定在瓜伊拉瀑布下游的 170 公里处共同建造伊泰普水电站；1973 年、1974 年两国又分别签订了《伊泰普协议》，成立了伊泰普跨国公司，经协商两国各占一半的股权，其中，巴拉圭的股权费暂由巴西支付，贷款时限为 50 年；1979 年，巴西、阿根廷、巴拉圭达成了《阿根廷、巴西和巴拉圭关于巴拉那河的协议》，至此，建立水坝的阻碍基本得到解决，历史国土纠纷也被升高的水位淹没。

2.2.2.3 巴拉圭沿边地区开发开放的成果

一是边境贸易得到蓬勃发展。在 20 世纪 60 年代以前，东方市只是一个边陲小镇，封建落后。60 年代以后，在东方市—巴西友谊桥的建立和自由贸易区的成立下，优惠的政策和便利的交通吸引着各国商人和游客，东方市依靠着优越地理位置，充分发挥货品吞吐的功能，在当时有着每年约 55 亿美元的高额商品交易，几乎是巴拉圭政府总收入的 5 倍。据统计，当年到巴西伊瓜苏的旅客约为 1000 万人次，其中 60% 的游客会去东方市购物，当地贸易营业额每月可达到 7 亿~8 亿美元。即使在 20 世纪 90 年代巴西经济不景气的背景下，东方市每年的营业额仍可达到 50 亿~70 亿美元，与当时巴拉圭国内的生产总值几乎持平，成为了国内的经济中心。

二是边境资源得到有效整合。在独特的地理优势下，东方市自由贸易区结合临近的伊瓜苏瀑布和伊泰普水电站形成的面积 1350 平方公里的人工湖作为观光地点，带动了边境地区的旅游业发展。另外，在巴拉圭 1993 年的 7.48 亿美元的出口贸易中，巴西占出口额的 30.1%，荷兰 25.4%，阿根廷 9%，美国 8.7%，智力 6.1%，瑞士 3.7%，其中，57% 的商品需要通过东方市—巴拉那瓜港的公路联运运至巴拉那瓜港装船运出。边境小镇东方市的成功，不仅带动了当地运输业和贸易的发展，也为国内资源的利用打开了一条行之有效的通道。

三是边境移民数量递增，前程似锦。东方市自贸区带来的转口贸易商机，吸引了世界各地的人来到这里。犹太人、阿拉伯人最先进入这个城市定居，后来韩国人、中国香港和中国台湾人也紧跟其后。据称在全盛时期华裔的商店就达到数千家，人员也达到了数万人，仅来自中国台湾的就超过12000人。移民人口的增加为这个小镇带来了空前的繁荣，东方市由最初的几万人迅速增加到20万人，包括郊区在内达到了40万人，一跃成为了该国的第二大城市。

2.2.3 印马泰沿边地区的开发开放

2.2.3.1 印马泰沿边地区开发开放的背景

20世纪90年代，东盟各国为提高自身的国际地位和加强经济实力，不断寻找区域经济合作的途径来应对经济形势的挑战。印度尼西亚、马来西亚、泰国作为三个发展中的国家，地理位置上非常接近，泰国南部与马来西亚北部相邻，印度尼西亚的苏门答腊岛与泰马两国隔着马六甲海峡相望，位置优势使得三国一直有着密切的历史和文化联系。

三国在经济上有非常强的互补性和比较优势。其中，马来西亚的工业较发达，如槟榔屿州是马来西亚最发达的州之一，工业拥有一定优势，但是面临着制造工业的劳工短缺问题。而印度尼西亚的苏门答腊岛拥有大量的廉价劳动力，可以补足马来西亚北部和泰国南部的短缺，另外，苏门答腊岛还拥有数量可观的石油和天然气，是马、泰两国所需要的。泰国南部和印度尼西亚的苏门答腊岛土地较多，在农业上拥有优势，可以为马来西亚人多地少的北部提供生活所需的粮食及蔬菜。于是，经济合作的设想应运而生。这里需要提一下新马泰成长三角区（南成长三角区），它是东盟内成长较好发展较早的一个次区域合作三角，正是由于它在短期内所取得的成果，给印马泰三国提供了一个良好的范例。1992年，在新加坡举行的东盟首脑会议上北部成长三角区（IMT-GT）的构思被马来西亚首次提出，由泰国南部的边境省份宋卡、沙敦、也拉、那拉提瓦片和马来西亚的槟城、吉打、玻璃市、霹雳4州以及印度尼西亚的苏门答腊和亚齐组成一个次区域经济合作圈；1993年7月三国共同召开部长会议，决定制订开发计划；1994年7月北部成长三角发展计划在亚洲开发银行的主导下正式达成共识。据统计，该增长三角的总面积为18万平方千米，人口约为2200万，其中，印度尼西亚的人口和土地占据绝大多数，分别是总面积的70.5%和人口的64%，马来西亚排名第二，面积比为17.9%，人口比为11.6%，泰国则占到22.1%、13.4%。IMT-GT成立的主旨主要有三个方面：一是促进三国内部的贸易与发展，通过规模优势降低生产成本。二是关注边境地区人力资源开发、劳工问题和环境治理，为边境地区创造新的就业机会同时改善当地居民的社会福利。三是整合三国的边境资源，加强橡胶加工业、棕榈油加工业、农业、工业、旅游业、能源方面的开发与合作，增强吸引外资的能力。

2.2.3.2 印马泰沿边地区开发开放的主要措施

由于南成长三角成功激励了印马泰三国，1992年，北成长三角倡议提出后，泰国、印度尼西亚两国均表示积极推动倡议的实施。具体的推动措施是建立组织机制、规定优先发展领域，如图2-3所示。

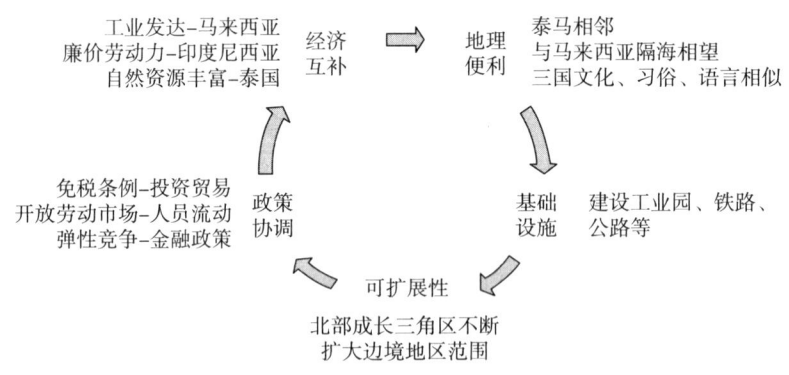

图2-3 印马泰三角区的开发措施

一方面,搭建组织机制推进合作中的厉兵秣马,IMT-GT 的组织机制大体可以分为三大块,分别是决策、协调和执行。负责决策的机制有两层,分别是领导人会议和部长级会议,领导人会议是最高决策机制,主要负责制定印马泰合作的重大目标及基本方向,它下设的部长级会议为第二大决策机制,负责推行、落实过程中出现的相关问题。协调方面按照权力大小从高到低依次是高官会、IMT-GT 次区域合作中心(CIMT)、国家秘书处、联合商务理事会、地方长官负责人论坛。高官会的任务是协调和监督工作组,主要在决策和执行之间起过渡作用;IMT-GT 次区域合作中心是高官会的下属机构,负责 IMT-GT 内部的信息流通;国家秘书处负责协调各国公共部门参加 IMT-GT 活动,联合商务理事会协调非公共部门;地方长官负责人论坛负责推进整个 IMT-GT 的活动。执行部门是工作组,目前一共有 6 个工作组,细分到行业落实合作措施。

另一方面,规定优先发展领域促进资源整合,实现印马泰边境地区的均衡发展。亚洲开发银行公布的研究报告中,优先发展的五大领域是投资贸易与劳工流动、交通与通信、农业与渔业、工业及其能源、旅游业,通过多边发展机构、国家发展机构及私人投资集团在 10 年内集资 150 亿~200 亿美元。在投资贸易与劳工流动方面,发展马来西亚北部的边境地区槟城、北海为自由商业区,加强边境区霹雳的陶瓷工业园建设;在工业及能源方面,重点利用印度尼西亚边境区苏门答腊岛上的石油和天然气,在马泰之间成立联营的能源公司,在加强三国能源联系的同时为区内工业发展提供保障,2003 年 4 月的部长会议上指定玻璃市建立边境工业区;在交通通信领域方面,加长 600 米马来西亚边境区吉打修建的浮罗交怡国际机场跑道,在泰国的边境区沙顿和马来西亚的玻璃市之间修建一条长 64 千米的高速公路,给出两国相应的预算建筑费用,分别是 0.77 亿美元、0.22 亿美元,另外,为加强马印之间的联系,计划用铁路和轮渡将马来西亚的北海与印度尼西亚的苏门答腊地区连接起来,并改进槟城港和开放联运系统；农业上主要是为泰国的水果和蔬菜找到在印度尼西亚和马来西亚的销售市场，同时依靠泰国丰富的自然资源为马来西亚的工业发展提供原料；在旅游业方面，将马来西亚边境区吉打的浮罗交怡打造成重要的国际旅游中心。

2.2.3.3 印马泰沿边地区开发开放的成果

1995~2003年，随着北增长三角区推进的脚步，外资不断流入，扩大了布局北三角区的市场。在投资金额方面，IMT-GT 9年间共吸引外资240.58亿美元，占到同期流入三国外资总和的37.72%。其中，流入马来西亚的资金最多，占比达56.88%，总额为136.85亿美元；其次是印度尼西亚，流入两个省的外资共计9.89亿美元，占比为33.21%；相比之下泰国最少，只有23.85亿美元，比重为9.91%。由于IMT-GT生产要素流动性强，经济前景广阔，即使在1997年爆发的国际金融危机下，外商对IMT-GT依然看好，发展势头蓬勃。从外资来源看，区域外的资本比重为91.9%，是整个的投资依旧在持续外资来源的主要渠道，发达国家是其中最大的投资者，例如日本、美国分别占外资总额的15.42%和17.32%。另外，在亚洲国家中，韩国投资最多，中国台湾也对IMT-GT进行了投资，这说明IMT-GT受到了众多国家的广泛关注。

对印马泰而言，IMT-GT促进了三国边境地区的迅速繁荣，极大地改善了当地的基础设施条件。1992年，马来西亚全国人均生产总值为11784令吉，而北部的四个州却仅有4755令吉，不足国内人均经济发展水平的一半，北部成长三角成立后，马来西亚北部边境区大量的石灰石、大理石等被开采，技术密集和资本密集的产品出口增多，土地使用成本、劳动力成本大大降低，截止到2010年，马来西亚人均GDP为28733令吉，北部四州的人均GDP为20812令吉，基本追赶上了整个马来西亚的人均发展水平；同样，1992年泰国南部边境区的经济发展也相当滞后，当年全国人均GDP为1547美元，南部地区只有769美元，2016年，泰国人均GDP为5994美元，南部边境地区的人均GDP也追赶到了4067美元。在基础设施建设方面，三角区内的航空运输数量大幅度增加，取得了长远的发展。截止到2007年，从印度尼西亚边境区飞往马来西亚的航班每天不少于7个班次，班轮也不少于7趟，每天有成千上万的游客穿梭于三个国家之间。交通运输的发展不仅改善了当地的旅游业和商业的发展，也为该区域内其他领域带来了商机。

2.2.4 缅印沿边地区的开发开放

2.2.4.1 缅印沿边地区开发开放的背景

1988年，印度与缅甸的关系可以说是水火不容。20世纪90年代初印度实施"东向战略"，旨在摆脱自身发展的桎梏，寻求新的目标，而缅甸是印度通往东盟市场的唯一通道。与此同时，缅甸正处于西方国家孤立的水深火热之中，所以当印度抛来改善两国关系的橄榄枝时，缅甸政府积极回应，两国的合作发展步入正轨。在地理条件上，印度的东北部与缅甸相邻，两国未共同合作之前，边境处不仅基础设施落后、人民生活贫困，甚至安全治理情况也每况愈下。

1994年两国正式合作，开发整治边境地区。1994年1月印缅签署边境贸易协议，分别指定印度的曼尼普尔邦的莫雷和米佐拉姆邦的昌派、缅甸的德穆（实兑省）和耶四地作为边境口岸，同时决定从1994年开始每年举办一次会议，共同商讨边境贸易的事宜。2002年7月15日，印度—缅甸经贸联合委员会第一次召开，会议内容围绕着双方在贸易、投资、基础设施建设等展开讨论，并成立了边境联络办公室、委员会、军官联络会议等，在实现边境开发开放的同时，加强边境的安全，实现和平发展。2004年，辛格在印度上台执政，两国在原有合作基础上，拓展能源开发、医疗卫生、教育等领域的合作，并于同期签订了水电项目备忘录以及投资协议。2013年8月28日，两国计划在位于缅甸实兑省和坎邦的边境区建立9处免税市场。2016年8月，印缅两国互相访问，签署了多份谅解备忘录，强调打击毒品交易和武器走私，至此两国边境地区的合作与互通继续深化。

2.2.4.2 缅印沿边地区开发开放的主要措施

印缅两国边境地区开发开放的措施更多的是边境口岸的贸易协定、资源开发、基础设施建设。

（1）贸易分为正式和非正式两种，所谓正式贸易是指符合国家相关规定的贸易，非正式贸易是指虽然交易的商品种类不符合两国政府的各自规定，但却可以通过边境口岸进行正常的交易。按照印度的规定，符合正式交易的形式有三种，主要在莫雷口岸进行开展。一是边境地区产出，通过边境人民用非机动车形式进行运输的总价值不超过1000美元的商品，只需要出示相关文件即可进行交易，不需要许可证等正式文件。二是对指定的22种农、林产品，凡是价值不超过2万美元的均可用易货贸易的形式进行交易。到2008年10月，种类增加到40种，2012年增加到62种，进一步促进了两边境地区的贸易量。三是按照印缅两国规定的以信用证进行结算的贸易。除符合以上交易的其他交易均属于非正常贸易，在运输通道方面，正常贸易是通过印缅边境的第一关口进行，而非正常贸易一般以非机动车运输的方式通过印缅边境的第二关口，此关口的特殊在于没有海关的监管，只有17个中间商代替监管部门，每次收取3万~5万卢比的税费进行管理。

（2）完善基础设施建设是印缅双方为扩大边境贸易做的准备，比较著名的有三个。一是2001年2月13日，印度出资修建了一条从莫雷至曼德勒的长约160千米的公路，成为两地边境区的重要运输枢纽。二是在2004年7月印度提供700万美元用于改善印缅边境的电信基础设施，开设直拨电话网建设、安装光纤电缆。三是在2008年4月2日至6日双方签署了加拉丹河运输线路全面开发的计划协议，由印度政府投资，两国企业合作建设，努力将印度的实兑改造成一座港口贸易城市,对加拉丹河沿线实施运河建筑、河道疏浚、公路建设等,以便开通从实兑到米佐拉姆邦的运输道路,方便印缅两地的物资运输,提高边贸互通水平,起初预定的建设工期为5年,2012年两国首脑会晤后,将工期缩短至3年。印缅泰三边的高速公路项目,起始于印度的古瓦哈蒂,从印度的东北边境处穿越缅甸全境进入泰国。公路全长1360千米,由印度负责印缅边境地区的建设并提供部分优惠贷款。此举不仅可以扩大双方的边贸利润,也为印度在缅甸国民心中留下了良好的形象。

(3)能源开发与合作上主要围绕着天然气、石油的开采,水电、火电方面的合作签署了一系列协议,如2010年联合出资11亿美元开采缅甸境内的天然气,2004年两国在缅甸建造一座1200兆瓦的德曼迪水力发电站用于为边境地区提供电力;同时耗资30亿美元修建一座80米的大坝。既满足了印度的能源需求,也拓宽了缅甸的外交空间。

2.2.4.3 缅印边境地区开发开放的成果

虽然缅印经济具有互补性,缔结了诸多合作协议,但由于历史和现实的原因,两国边境地区的开发开放并没有取得预期的效果。最显著的还是体现在两国的边境贸易上,从正式贸易来看,1995～2006年,边境贸易额增长了11%,印度出口商品较多,双方基本保持贸易平衡。缅印边境贸易额如表2-1所示。

表2-1 缅印边境贸易额　　　　　　　　单位:亿卢比

年份	出口额	进口额	进出口额
1995～1996	1.045	0.539	1.584
1996～1997	3.171	1.518	4.689
1997～1998	2.245	3.508	5.753
1998～1999	0.506	0.374	0.88
1999～2000	0.326	0.368	0.694
2000～2001	0.529	0.019	0.548

续表

年份	出口额	进口额	进出口额
2001~2002	0.125	0.83	0.95
2002~2003	0.366	1.215	1.581
2003~2004	0.874	0.806	1.68
2004~2005	0.564	0.501	1.065
2005~2006	0.21	0.33	0.54
2006~2007	6.213	0.178	6.391

资料来源：雷著宁. 印缅边贸现状与印度东向贸易通道的选择对区域经济合作的影响［J］. 南亚东南亚研究，2008（02）：34-42.

随着印缅边境的利好政策的接连出台，2011年、2012年两国的边境贸易额分别达到9.53亿卢比、11.2亿卢比，根据《缅甸新光报》的报道，仅2014年4月到10月10日，印缅的边境贸易额就突破了3亿美元，同比增加2亿美元，边境贸易的前景非常看好。

另外，在非正式贸易方面，大多数交易都是利用合法口岸的管理漏洞进行的，所以金额无法精确统计。根据印度政府的报告，单2000~2001年非正式贸易额约达到836.5亿卢比，第二关口每天的贸易额约为1000万卢比，这些数据都表明非正式贸易的金额远远大于正式贸易，边境地区有大量的互通需求。如果加强管理以及解决安全问题，印缅边贸水平短期内就可追赶上缅中或者缅泰。

2.3 国际开发开放的比较

由于不同国家的边境区域情况不同，所以开发开放的动力和模式都有不同的特点，根据经济发展动力机制的主导要素（政策、经济要素、产业、市场、合作、创新以及环境）将蒙古边境、巴拉圭边境、印马泰三角区、缅印边境进行分析比较，如表2-2和表2-3所示。

表2-2 边境地区开发开放的纵向比较

地区	参与国家	开始时间	负责机构
蒙古边境	蒙古、俄罗斯、中国	蒙—中1985年 蒙—俄2006年	政府、双边的合作委员会
巴拉圭边境	巴拉圭、巴西、阿根廷	20世纪90年代	政府、双边的合作委员会
印马泰三角区	印度尼西亚、马来西亚、泰国	1994年	IMT-GT的组织机制
缅印边境	缅甸、印度	1994年	亚洲开发银行、双边合作委员会

表2-3 边境地区开发开放的横向比较

地区	开发合作项目	资源优势	合作主要模式
蒙古边境	边境自贸区	蒙——矿产 中——水果、蔬菜 俄——技术	直接投资合作
巴拉圭边境	边境自贸区	无	劳务合作
印马泰边境	三角经济合作区	印度尼西亚—劳动力 马—工业 泰—自然资源	经济信息与管理合作
缅印边境	边境口岸	缅—能源 印度—资本	经济政策的协调与合作

2.3.1 国际内生动力分析

（1）从要素投入、产业发展来看，四个边境区域都是将资本、劳动力、土地等共同作用于地区发展。蒙古边境拥有丰富的自然资源，尤其是矿产资源，不足之处是劳动力稀缺、专业技术水平低、食品缺乏，故扬长避短发展以矿产资源开采为支撑的经济模式，换取邻国的要素投入。巴拉圭的东方市在未开发开放之前只有一条黄土路，20世纪90年代凭借独特的自由化贸易条件，吸引巴西、阿根廷的要素流入，逐渐形成旅游业、批发和零售行业为主的经济模式，而印缅边境区和巴拉圭的东方市有许多相似之处，要素流动大多是通过易货贸易进行，靠着经贸业进行双边发展。相比之下，印马泰三角区是一种特殊的合作方式，最大的特点是经济多样化、要素多元化，虽然印马泰三角区不像新柔廖三角区经济互补性强，但是可以靠着马来西亚工业、印度尼西亚劳动力、泰国自然资源的优势整合，吸引大量非成员国的投资，由依靠单一的生产关系转变为混合型经济增长。

（2）创新驱动是内生经济增长的持续动力。是指在坚持需求导向和产业垂直深化发展的同时，利用人才、技术、管理模式等，对现有的人才资源、自然资源、资本进行优化和升级，争取实现突破稀缺资源瓶颈，实现经济持续高质量发展。如果单从这些定义去看，四个边境地区的创新能力亟待提高，但如果是把四个地区的创新能力单独挑出来进行比较的话，巴拉圭＞蒙古＞印马泰＞缅印。总的来看，蒙古和巴拉圭两边境的优势是通过成立自贸区进行开发开放，在很大程度上提高了区域的创新发展，具体影响机理如下。

第一，通过带来规模经济效应，实现区域资源的优化配置。如蒙中边境扎门乌德自由贸易区，2008～2015年进出口总额为26.2亿美元，其中，出口额总计为18.5亿美元，进口额为7.7亿美元，到了2015年，通过此口岸进行的边境贸易额占到中蒙边境贸易额的69.9%，这对于只有63000人口的扎门乌德来说自贸区成功促进了经济发展。

第二，加大境外投资的吸引力，提高自身在国际上的贸易水平。蒙俄边境阿勒坦布拉格自由贸易区自2004年设立后，吸引来到蒙古的外来投资公司中有295家来自俄罗斯，2008年时数量上涨到428家。从2006年9月至今中国、韩国、日本、俄罗斯、加拿大等国家的100多个公司已经在此自由贸易区购买和租用了400公顷的土地。

第三，吸引国内外企业、人才进入，通过加剧竞争促进知识和技术的溢出。巴拉圭的东方市自贸区实行自由化的投资，虽然进入21世纪以后由于种种原因经济走向下坡路，但我们不能否认它成功的阶段。据统计，在全盛时期华裔的商店就达到数千家，全国各地的商人不断涌入，人口也由最初的几万人迅速增加到20万人。

蒙古、巴拉圭的自贸区其实就是为创新发展提供了一个大平台，它所带来的创新效应会随着时间的推移呈U字形增长。

2.3.2 国际外生动力分析

（1）政策投入、市场发展是边境区动力机制的根本动力。四个边境区开发开放之初，发展的目标不仅是经济水平，还包括外交、政治、民族稳定等多种考量。政策投入是边境区进行发展的基石，它不仅在一定程度上规划地区发展的方向和领域，更多的是对全要素起到了一个整合和干预的作用。印马泰和缅印的开发开放动力在此方面尤为显著。印马泰三角区是在新柔廖三角区成立后提出的，是典型的在区域竞争日趋激烈下，加强邻国间友好融洽关系的外交前提。在它成立之前，各成员国都存在地区发展不平衡的问题，如边远地区和一些大城市贫富差距日益扩大、城镇发展水平参差不齐等，这些都为各成员国带来了许多社会问题和发展隐患。印马泰三国成立经济合作区，其本质就是在各国资金支持、税收减免等政策的实施下，参与国际市场的分工和合作，在区域市场调节机制下，进行要素配置，促进边境区的发展。缅印发展也是在多项政策实施下进行的，1992年在印度全面审视和缅甸的外交政策，同时缅甸做出积极回应的情况下，双方才就改善政治关系、加强边境区经贸合作、维护边境安全等制定了一系列政策。

（2）合作带动、环境支持是外生动力发展的助推力。四个国家与邻国进行经济合作的初衷就是推动边境地区的贸易发展、为当地人民创造就业机会、引进先进的生产技术，提高当地的基础设施建设。蒙古与中国、俄罗斯、哈萨克斯坦是因矿产资源形成的利益关联体；相比较下巴拉圭的东方市与邻国合作较少，主要是由独特的开放条件、地理优势形成的边境区市场效益体；而印马泰三角区、缅印情况则比较相似，合作的本质就是区域市场形成的收益体。四个边境区域在合作互通中，注重当地的基础设施建设，这一点对于提高边境区的硬实力至关重要。

综合观察我们可以发现，在地缘优势下，是内生动力和外生动力共同组成了开发开放的动力机制。首先，内生动力和外生动力是相互影响互相作用的，如四个边境区都在进行要素投入、产业发展的同时加强当地的基础设施建设，在与邻国加强合作的过程中取长补短，引进他国先进的生产技术、人才等增强边境区的创新力。其次，内生动力发展的结果是边境区的"量"，外生动力发展的是边境区的"质"，两者只有同步发展，开放的效果才会更显著。四个边境区的发展现状多少都存在步调不一致的情况，发展潜力无穷，但有待各国在密切合作下进一步挖掘。最后，只有各大因素彼此交叉、相互融合下，才能形成边境区发展的良性循环体系，将开发开放的效应最大化。

2.4 国际开发开放对我国的启示

我国经济发展最大的特点就是多样化。因此，我国应加快沿边区的开发开放进度，凸显在全面开放新格局下的作用，将沿边优势转化为发展优势，实现沿边地区的高质量发展。纵观四个国际边境区开发开放的模式，虽然各参与区域经济发展参差不齐，模式不同、效果有所差异，但对于我们沿边开发开放都是一些可借鉴的案例，我国应该取长补短，积累有益经验，培育开发开放的新优势。

2.4.1 边境开发开放应以经济互补为前提，增强政治互信

一般而言，发展水平差距大的国家经济互补性会更明显，可以更好地发挥比较优势。这种互补可以指各国不同的经济发展阶段，也可以指自然资源、劳动力等在各国的不同分布情况。当合作的双方处于不同的经济发展水平时，经济落后的一方可以引进先进的生产技术、人才，借鉴发达国家的管理模式，进行更好更快的经济建设。反之，经济水平较高的国家可以利用落后地区廉价的劳动力、广阔的土地，丰富的自然资源等，从而降低国内的生产成本，提高自己在国际上的竞争力。另外，政治互信深化两国合作的必要条件。两国进行沿边的开发开放，初衷大多是在地理优势下取长补短发展自己经济，虽然没有政治互信的合作在短期或许可以取得成功，但要想在长远阶段实现互利共赢，就要全方位、多层次地进行沟通交流，筑牢政治互信的"堤坝"。在尊重彼此核心利益的基础上，加强政府、立法机构、企业的沟通，建立和而不同、求同存异的双边经贸合作体系。

2.4.2 边境开发开放应以政府为主导，采用市场化调节

一方面，边境区开发开放初期是否能够顺利推进的关键在于各参与国从中央到地方政府的大力支持与引导，一般体现在各国给出的优惠政策上。如贸易协定上给予成员国优惠的税率，对进出口货物分类比设定额度进行减征或者免征关税；在投资政策方面，简化审批程序，按照投资额给予不同期限的财政支持，对于我国稀缺的高科技行业可以进一步给予贴息扶持；在金融政策方面，允许弹性融资，鼓励除成员国以外的外国企业参与边境企业竞争。另一方面，

发挥市场的调节作用，起到更好开发开放的辅助作用。例如明确主导产业，当价值规律所形成的现行价格与边境区利益诱导方向、计划调节方向不一致时尽早进行改革，使之趋于合理。

2.4.3 边境开发开放应建立完善的基础设施，创造良好的投资环境

基础设施的完善是边境区进行开发开放的基础性条件，像道路、电力、环境等在越偏远的边境区条件就相对越差，如果这些长期得不到解决，就会造成与内陆发达地区的差距越来越大，投资吸引力降低，不仅无法保障当地居民的生活质量，更会使边境区开发开放更加困难。另外，国家财政和地区开发性金融也是边境区完善基础设施建设的主要资金来源，是为边境区筹资的主要手段，所以完善基础设施建设和创造良好投资环境是相辅相成、休戚相关的。我们可以参照蒙古、缅印边境区，既要加大国家的投入，发挥沿边优势，又要在与其他国家的互联互通中，吸引外资加强沿边基础性建设，如推进与邻国的互通道路建设，促进边境开发合作区的交通完善；加强基础口岸建设，不仅包括边境贸易中心，还应包括互市的查验设施等；对边境居民的居住环境进行整治，在推进开发开放的同时，建设美丽边疆。

2.4.4 边境的开发开放应具备可扩展性

边境地区进行开发开放更重要的意义在于它的可扩展性，包括间接扩展和直接扩展。我国可以借鉴印缅泰成长三角区，间接扩展方面以我国的沿边地区作为开发开放的基点，内陆城市作为发展的腹地，整合成员国的市场和资源，使其发展成世界市场的贸易枢纽，反之，边境区的开发开放也为国内其他城市的发展提供贸易信息，间接带动了内地的生产发展。直接扩展方面要求我国应该发展长远目标，不局限于我国边境区与邻国边境地区的小范围合作，争取在双方或多方的共同支持下，不断扩大边境地区的合作范围，实现边境地区的光明前景。

第3章 滇桂两省区沿边开放模式与绩效分析[①]

我国有辽宁、吉林、黑龙江、内蒙古、甘肃、新疆、西藏、云南、广西9个省份与14个国家和地区接壤,在陆地沿边线上与中国毗邻的国家和地区自东北向西南依次为朝鲜、俄罗斯、蒙古、哈萨克斯坦、吉尔吉斯斯坦、塔吉克斯坦、阿富汗、巴基斯坦、印度、尼泊尔、不丹、缅甸、老挝、越南。

我国与上述国家和地区毗邻的城市多具有丰富的自然资源,且具有较高的经济价值,同时,边境口岸城市自然风光秀美,历史人文景观丰富多彩,特别是一些少数民族聚居地兼具少数民族文化和异域风情的旅游资源,因此,依靠其自身的资源优势发展资源性产业及旅游业的潜力较大。口岸城市依靠其自身的资源优势发展资源性产业及商贸物流及旅游业也是其产业发展的主要路径。

云南省和广西壮族自治区同处西南边陲,中国—东盟自由贸易区(CAFTA)建设将两省区推到了对东盟开放的最前沿,给两省区的经济社会发展带

[①] 本章主要内容来自课题组成员的两篇阶段性研究成果(纳入本书时有调整和删减):

[1] 潘昱. 边界效应视角下我国沿边地区开放模式选择——以滇桂沿边开放实践为例 [D]. 南宁:广西民族大学, 2019.

[2] 黄素心, 郭瑞. 西南沿边地区开放绩效分析:基于边境贸易数据的实证研究 [J]. 沿海企业与科技, 2019 (02): 48-50.

来了巨大的促进作用。广西和云南在已有的沿边开发开放过程中具有许多共性，例如同为少数民族聚居区，同样依托中国—东盟自贸区建设和大湄公河次区域合作，同样享有沿边金融改革试验区、国家重点开发开放试验区、综合保税区、跨境经济合作区等重大空间布局和开发开放平台等；在地理环境、地域文化、国际双边关系等沿边开放的初始禀赋条件等方面，广西和云南又存在显著不同，例如广西具有沿海、毗邻经济发达的广东省等优势，而云南距离东南亚腹地陆路距离更近，与毗邻国家的双边关系相对更为稳定等①。

广西和云南在新一轮开放格局中，分别扮演着连接中国市场与东盟市场的主要通道和重要桥头堡的作用，既存在区域竞争，也具有巨大的合作空间。本章立足于我国西南沿边地区经济开放的现实，对滇桂两省区沿边开放的现状、发展模式、存在问题进行梳理，为下一章分析两省区可能存在的开放合作机制奠定理论基础和现实支撑。

3.1 滇桂沿边开放历程与进展

3.1.1 云南

云南地处中国西南部，毗邻越南、老挝和缅甸，是中国面向东盟国家的重要贸易通道之一。同时，云南是古代丝绸之路的必经之路，具有较好的对外交流基础。1992年《国务院关于进一步对外开放黑河等四个边境城市的通知》

---

① 黄素心，郭瑞. 西南沿边地区开放绩效分析：基于边境贸易数据的实证研究［J］. 沿海企业与科技，2019（02）：48-50.

（以下简称《通知》）正式出台，在《通知》的背景下，云南包括瑞丽在内的几个城市成为中国首批边境开放口岸，云南沿边开放进程的大幕随之拉开。2000年中国西部大开发战略正式出台，地处中国西南部的云南成为国家重点开发区域，随之配套的优惠政策逐渐向沿边开放倾斜，特别是瑞丽重点开发开放试验区成为国家重点建设项目。2013年，中国提出"一带一路"倡议，同时供给侧结构性改革也持续推进，为了让云南沿边开放能够得到新动力，云南在国家开放转型背景下推进传统依赖对外贸易增长方式——边境小额贸易由单一化向多元化发展，同时引进沿海地区先进技术填补沿边地区发展不足，对符合《鼓励进口技术和产品目录》的资源类商品予以进口补贴支持，促进跨境物流企业进入云南发展。总体来说，云南在外部有利条件刺激下向自身主动求变，力图通过转型升级寻求新的沿边开放增长点。

在云南将近三十年的沿边开放进程中，经济总量由1992年的783.27亿元增加到2017年的16376.34亿元；商品进出口总额由1992年的6.71亿美元增加到2017年的233.94亿美元；外商投资额由1992年的0.16亿美元增加到2017年的51.61亿美元；边境小额贸易由2000年的3.56亿美元增加到2017年的34.23亿美元，如表3-1所示。

表3-1 云南沿边开放以来各项发展指标变动情况

年份	GDP总量（亿元）	商品进出口总额（亿美元）	外商投资额（亿美元）	边境小额贸易（亿美元）
1992	783.27	6.71	0.16	—
1995	1222.15	18.96	—	—
2000	2011.19	18.13	—	3.56
2005	3462.73	47.38	4.36	6.55
2006	3988.14	62.32	—	7.76
2007	4772.52	87.80	9.66	10.11

续表

年份	GDP 总量（亿元）	商品进出口总额（亿美元）	外商投资额（亿美元）	边境小额贸易（亿美元）
2008	5692.12	95.99	—	12.01
2009	6169.75	80.19	16.82	12.61
2010	7224.18	133.68	—	17.36
2011	8893.12	160.53	21.54	20.05
2012	10309.47	210.05	10.95	21.49
2013	11832.31	258.29	12.14	33.34
2014	12814.59	296.22	10.82	35.79
2015	13619.17	245.27	22.58	24.91
2016	14788.42	199.99	26.54	29.47
2017	16376.34	233.94	51.61	34.23

资料来源：《云南统计年鉴》。

3.1.2 广西

广西地处中国西南部，自身拥有独特自然资源和物质资源，自古以来广西便与越南等国开展对外友好往来，拥有较为深远的开放合作基础。

1991 年，广西区政府根据国务院《关于边贸工作的几点意见的通知》文件精神，申请批准凭祥和东兴成为开放城镇即拉开广西沿边开放进程的序幕。为配合中国西部大开发战略和"兴边富民"行动计划的实施，广西逐渐与邻近国家越南展开合作，例如从 2001 年开始，每年举办"中越边境旅游节"；2006 年起，广西东兴市与越南芒街市轮流联合申办"中越边境商贸旅游博览会"等。一系列沿边开放举措的出台实施，较好地适应了国家战略发展需要，为促进广西区域性经济合作、基础设施改善提供较好支持。广西沿边地区人民生活水平和地区发展水平得到较大程度提高。

近年来，随着"一带一路"倡议的提出，广西沿边开放迎来了新的发展机遇,东兴市和凭祥边境合作区相继成立,南宁市、北海市、防城港市、钦州市、百色市边境金融改革试验区先行先试,为广西沿边发展创造更为优惠的政策条件。2016年,《广西壮族自治区人民政府关于支持沿边重点地区开发开放的实施意见》(桂政发〔2016〕52号)出台,推进边境贸易低附加值产业链条换代升级,将沿用多年的中越边境贸易合作"通道经济"模式向"产业经济"模式进行调整,以期通过承接中国中部或沿海发达地区产业进行加工出口,提高产品附加值,而不是如传统一般仅将沿边地区作为贸易通道而出口低附加值产品。尽管自2018年中美贸易摩擦以来中国对外经贸合作势头削减,但是广西沿边开放进程在政策倾斜的助力下依旧持续发展。在广西近三十年的沿边开放进程中,经济总量由1991年的518.59亿元增加到2017年的20396.25亿元;商品进出口总额由1991年的54.47亿元增加到2017年的3866.34亿元;外商投资额由1991年的0.38亿美元增加到2017年的8.23亿美元;边境小额贸易由1995年的2.47亿美元增加到2015年的170.01亿美元,此后,受中国—东盟自由贸易区关税政策变化影响,边境小额贸易总额回落,到2017年稳定在123.86亿美元;旅游总消费由1991年的28.3亿元增加到2017年的5580.4亿元,如表3-2所示。

表3-2 广西沿边开放以来各项发展指标变动情况

年份	GDP总量 (亿元)	商品进出口 总额(亿元)	外商投资额 (亿美元)	边境小额贸易 (亿美元)	旅游总消费 (亿元)
1991	518.59	54.47	0.38	—	28.3
1995	1497.56	268.94	6.70	2.47	143.7
2000	2080.04	168.70	5.24	1.50	168.6
2005	3984.10	418.27	3.78	7.01	303.7
2006	4746.16	525.78	4.47	—	—
2007	5835.33	691.53	6.84	—	—

续表

年份	GDP总量（亿元）	商品进出口总额（亿元）	外商投资额（亿美元）	边境小额贸易（亿美元）	旅游总消费（亿元）
2008	7038.88	904.19	9.71	—	—
2009	7784.98	969.96	10.35	—	—
2010	9604.01	1180.84	9.12	42.41	952.9
2011	11764.94	1481.84	10.14	—	1209.5
2012	13090.04	1852.57	7.49	—	1578.9
2013	14511.70	2002.03	7.00	115.09	1961.3
2014	15742.62	2491.15	10.01	147.28	2495.0
2015	16870.04	3190.31	17.22	170.01	3136.4
2016	18317.64	3170.42	8.88	118.45	4191.4
2017	20396.25	3866.34	8.23	123.86	5580.4

资料来源：《广西统计年鉴》。其中，边境小额贸易数据从2016年起改以人民币统计。为保持数据可比性，用2016年和2017年人民币兑美元平均汇率6.6423和6.7518换算得来，特此说明。

3.2 滇桂沿边开放模式比较

目前，学者关于沿边开放模式的研究主要集中在两个方面。

一方面，是从宏观层面对全国沿边开放模式进行总结。胡超等（2017）通过对沿边地区开放模式演进机理的探索分别总结了边境贸易、贸易通道、产业聚集、双子城和跨境合作区五种模式。刘稚等（2012）以区域一体化为切入点提出沿边地区应充分利用空间格局，形成极点增长模式和带状发展模式相结合的"口岸—通道—联动城市—沿腹地轴线纵深型"。黄志勇（2015）以"一带一路"倡议为研究背景对全国八个沿边省份的开放模式进行总结，并对广西如何借鉴其他省份的沿边开放模式给予政策建议。吴昊等（2010）以长吉图开发开放先导区为例提出了统筹国内国际多层次合作平台的沿边开放模式。

另一方面，从微观层面研究沿边地区开放模式的影响因素。韩越等（2018）采用东盟成员国与云南中心城市距离为空间权重矩阵，建立空间计量模型分析了东盟国家的区位因素差异对云南省面向其金融开放进程的影响，通过实证研究发现我国沿边地区金融开放受"一带一路"沿线国家的产业结构和政策制度的较强影响，因此，要引导企业向"一带一路"沿线国家"走出去"的产业与制度定位。宋周莺等（2015）通过对我国沿边口岸时空格局和功能模式的研究，将沿边口岸的按功能模式分为枢纽口岸、门户口岸、口岸城市、边境城市和准内陆城市，为发挥沿边口岸对沿边经济带动作用提供理论指导依据。王亚丰等（2012）以东北地区交通建设为切入点，通过交通、经济相关因素指标研究表明先期应重点培育区域经济增长极。此外也有少数学者对沿边地区的研究聚焦在劳务交流方面（陈东升，2017）。

本节将以胡超（2017）总结的沿边开放模式为基础，从边境贸易、沿边口岸、跨境合作平台三个方面对广西与云南两省区沿边开放模式进行归纳分析。

3.2.1 沿边境贸易

沿边贸易是云南对外贸易的重要方式，多年来云南通过发展沿边贸易，对促进物资流通、劳动力转移和国家政治关系平稳发展起到重要作用。而云南之所以能够持续推进沿边贸易发展的重要原因在于其相对毗邻国家越南、老挝和缅甸在产业结构上具有较好的互补优势。例如缅甸国内蕴藏丰富的宝石资源，但受限于其发展程度较低的工业化水平，缅甸国内内部资源往往很难通过自身力量进行挖掘，因此，通过向邻近沿边地区引进先进设备和服务成为利用本国自有资源的重要方式，在此背景下云南顺势而为，积极展开同缅甸的技术合作，促进先进生产设备走出云南，走进缅甸，使两国经济发展水平得以提高。也正是因为云南发挥边境贸易中产业互补优势，南博会、景洪边交会等成为云南发展边境贸易的重要平台，如表3-3所示。

表3-3　云南、广西近五年沿边小额贸易情况比较　　单位：亿美元

年份	广西	云南
2013	115.09	33.34
2014	147.28	35.79
2015	170.01	24.91
2016	118.45	29.47
2017	123.86	34.23

资料来源：《云南统计年鉴》《广西统计年鉴》。

广西沿边贸易面向的对象国只有越南一国，虽然交易对象单一，但是进出口总额却是云南的数倍。这与贸易对象国的经济实力有很大关系，也反映出广西与越南边贸发展的深度和广度。广西沿边贸易出口商品结构不断调整，由劳动密集型产品向资本密集型产品进行转移，具体来说，就是传统以来广西对越南主要出口产品为纺织品，但随着同质产品的成本冲击等原因，以纺织品为主的劳动密集型产品出口交易额持续下滑。与之相对应的是机电产品和高新技术产品在广西沿边贸易中逐渐崛起，成为未来广西对越贸易的主要力量。

从沿边贸易涉及的商品结构来看，云南主要通过边贸方式出口工业制成品，如磷化工、机电等；通过边贸方式进口资源型产品，例如金属矿砂、铁矿石、木材、氧化铝。广西则主要通过边贸形式向越南出口初级产品（如机织物、农产品），加工制造业占比不高，机电产品多为中低端的加工装配环节，出口产品整体技术层次较低。广西从越南进口的主要是鲜果、石油原油及提取油类。

通过对广西与云南两省区沿边贸易发展进行梳理，可以看到两省区均利用自身优势合理发展边境贸易，促进两省区的经济发展，但两省区共同存在的不足之处便是产业链较弱，沿边贸易对两省区往往只产生"通道经济"效应，而未产生"产业经济"效应，边贸产品很难在两省区内部进行深加工产生高附加值，这其中主要原因还是在于两省区经济实力有限，缺乏产业有力支撑。

3.2.2 沿边口岸

口岸经济是云南沿边开放发展的重要支撑力量。截止到2018年底，云南全省已设立26个开放口岸，其中，23个为国家一类口岸，以陆路口岸为主，形成全省范围内陆、海、空全方位构成的口岸发展模式，为云南"通道经济"的形成搭建桥梁，使云南沿边开放过程中运输效率更为便捷，贸易便利化程度更高。

广西是集沿边、沿海、沿江为一体的沿边开放省区，其沿边口岸建设更具空间与立体化。截止到2018年底，广西沿边口岸共计开放25个，包括19个国家一类口岸和6个国家二类口岸。据南宁海关统计，2017年广西口岸进出口货运量为1.05亿吨，同比增长5.0%，其中，进口0.89亿吨，增长6.9%，出口0.155亿吨，下降4.8%。随着广西沿边口岸建设不断深化，口岸通关便利化程度不断提高，通关时间逐步缩短，极大提高了通关效率，如表3-4所示。

表3-4 滇桂沿边口岸城市资源优势情况

城市	矿产资源优势	生物资源优势	旅游资源优势
瑞丽	地下蕴藏多种宝贵矿藏资源，已探明的有金、银、锡、铅等30多种	森林覆盖率较高，林木资源中，许多是储量十分有限的品种；野生动物资源具有很高的经济价值；此外，还盛产烟草及药材	"国家级风景名胜区""中国优秀旅游城市"，民族风情浓郁，有"歌舞之乡""动植物王国""东方珠宝城"美称

续表

城市	矿产资源优势	生物资源优势	旅游资源优势
畹町	地下蕴藏多种宝贵矿藏资源，已探明的有金、银、锡、铅等30多种	森林覆盖率较高，包括云南松、秃杉等，林木资源中，许多是储量十分有限的品种；野生动物资源具有很高的经济价值；盛产烟草及药材	亚热带气候，风光优美，与缅甸九谷市隔河相望，边境口岸城市特色明显，具有浓郁的异域风情
河口	矿产资源有金、铜、铅、锌等，金属矿产15处，有以石墨、矽线石、长石、煤为主的非金属矿产8处，其中矽线石蕴藏量位居亚洲第二	森林覆盖率38%，国家一级保护树种有树蕨等；国家一级保护动物有黑长臂猿等；经济作物主要有橡胶等；热带水果较多，拥有云南省最大的香蕉、菠萝生产基地	自然景观秀美；人文景观众多、民族风情、边关雄风、中越公路铁路双桥、一城两国三镇等
凭祥	矿产资源丰富，主要有煤矿、铁矿、铅锌矿、铝土矿等	森林覆盖率27%，境内主要有杉、松等；木茄等具有较高的药用和工业价值；经济作物有八角、龙岩等	多姿的地貌、山峰、岩洞、水流、森林、独特历史人文景观及民族风情
东兴	蕴藏20多种矿产资源，其中用东兴北基石加工而成的石雕制品历史悠久	植物资源主要有柑橙、龙眼、荔枝、菠萝、玉桂等，其中大红八角和桂皮在世界上享有盛誉；海产品丰富，以对虾、螃蟹、文蛤、大蚝、泥蚶等各种鱼类为主	沿边、沿海，是中国与越南唯一海陆相通的口岸城市，是京族在中国的唯一聚居地，少数民族风情浓郁，四季长春，气候宜人

资料来源：李慧娟. 中国边境口岸城市发展模式研究［D］. 北京：中央民族大学，2010.

虽然多年来沿边口岸的开放建设使得广西与云南两省区"通道经济"的作用得以有效发挥，但是基础设施落后成为阻碍通关效率进一步提升的主要障碍，同时，缺乏有效协同管理是云南与广西两省区沿边口岸通关效率难以提高的另一重要阻碍。两省区口岸建设缺乏长远规划，虽然口岸开放程度不断加大，然而无论广西还是云南均存在重开放、轻规划、轻管理的现象；通关过程中所涉部门过多，各主体由于直接利益诉求，相互之间难以形成一个利益共同体,通关便利化的程度和效率难以提高。

3.2.3 跨境经济合作平台

3.2.3.1 沿边经济合作区、跨境经济合作区

沿边经济合作区是我国自1992年以来在沿边开放城市发展边境贸易和加工出口的区域;跨境经济合作区则被理解为它的升级版,指在两国边境附近划定特定区域,赋予该区域特殊的财政税收、投资贸易以及配套的产业政策,并对区内部分地区进行跨境海关特殊监管,享有出口加工区、保税区、自由贸易区等优惠政策的次区域经济合作区。

截至目前,内蒙古、辽宁、吉林、黑龙江、广西、云南、新疆7个沿边省份共有19个边境、跨境经济合作区,其中广西和云南占了7个,如表3-5所示。

表3-5 滇桂7个边合区、跨合区基本情况

省份	名称	获批年月	核准面积(公顷)	主导产业
广西	东兴边境经济合作区	1992.09	407	边贸、旅游、加工制造
广西	凭祥边境经济合作区	1992.09	720	木材加工、农副产品加工、边贸物流
云南	临沧边境经济合作区	2013.09	347	商贸物流、进出口加工、农产品加工
云南	河口边境经济合作区	1992.09	402	边境贸易、边境旅游、口岸物流
云南	中国—老挝磨憨—磨丁经济合作区	2016.03	483	物流商贸会展、农产品加工
云南	畹町边境经济合作区	1992.09	500	仓储物流、加工制造、商贸
云南	瑞丽边境经济合作区	1992.12	600	边境贸易、农副产品加工、边境旅游

商务部外资司对外发布的《边境经济合作区、跨境经济合作区发展报告(2018)》显示,边合区、跨合区已成为沿边地区经济的重要增长点,部分边

合区的经济总量达到所在城市的50%以上。边合区的发展能够带动所在口岸、交通等基础设施建设，优化沿边地区投资环境、加快所在地城镇化步伐，一些边境小镇依托边合区逐步发展成为繁荣现代的口岸城市①。

2017年，东兴边合区占东兴市经济总量的比重达60%，河口边合区占河口县经济总量的比重达55.69%，凭祥边合区占凭祥市经济总量的比重为50.76%。凭祥边合区城镇居民人均可支配收入与设立之初相比增加了5倍多。瑞丽、畹町边合区机电、IT产业发展迅速，当地居民"开瑞丽汽车、骑瑞丽摩托、看瑞丽电视、用瑞丽手机、游瑞丽风光"成为沿边地区一景。中老磨憨—磨丁经济合作区在2017年完成招商引资到位资金11.5亿元；工业总产值6.08亿元，同比增长68.9%；实现全部利税总额1.89亿元，同比增长70.3%；对外经济贸易总额149.19亿元，同比增长34.23%。广西、云南依托边合区等开放平台，开展了个人跨境贸易人民币结算、中越货币特许兑换和中缅币结算中心建设等金融创新工作，促进了边境两侧的资金融通②。

可见，边合区、跨合区是滇桂两省区深化与周边国家和地区合作的重要平台，是西南沿边地区经济社会发展的重要支撑，正在成为实施"一带一路"倡议的先手棋和排头兵。

3.2.3.2 国家重点开发开放试验区

为继续提高沿边开发开放水平，自2012年以来，国家先后在沿边地区设立了7个重点开发开放试验区，其中广西和云南占据四席（见表3-6）。在一系列优惠政策和创新体制的促进下，试验区在探索沿边开发开放、加快与沿边周边国家互利共赢共同发展等方面取得了重要进展和明显成效，在区域经济发展过程中起到了引领示范带动作用。

---

①② 晏澜菲．边合区、跨合区成沿边地区发展重要引擎［N］．国际商报，2019-08-19．

表 3-6 滇桂四个国家重点开发开放试验区基本情况

名称	获批时间	基本情况
广西东兴	2012 年 7 月	东兴试验区范围包括广西防城港市所辖的东兴市、港口区，以及防城区的防城镇、江山乡、茅岭乡等，陆地面积 1226 平方千米，总人口 43.3 万人。主要分为国际经贸区、港口物流区、国际商务区、临港工业区和生态农业区五个区域
云南瑞丽	2012 年 7 月	试验区位于云南省西部的德宏傣族景颇族自治州，以瑞丽市全境为核心，两翼包含芒市和陇川县，总面积 1040 平方千米，总人口 35 万人。区内有瑞丽、畹町 2 个国家一类口岸和陇川章凤国家二类口岸，瑞丽、畹町 2 个国家级边境经济合作区，以及与上海自由贸易试验区相近的实行"境内关外"海关特殊监管模式的姐告边境贸易区
云南勐腊（磨憨）	2015 年 7 月	试验区包含磨憨经济开发区（含磨憨镇）和勐腊县勐腊镇、勐满镇等多个乡镇，东、南、西三面与老挝陆地相连，西部与缅甸隔江相望，总面积约 4500 平方千米，总人口 30 万。是中国与中南半岛乃至东盟国家合作区位条件最优越的地方
广西凭祥	2016 年 8 月	试验区规划面积 2028 平方千米，以凭祥市为核心，以"南宁 - 崇左 - 凭祥重要对外开放经济带（崇左段），沿边经济合作、重点边境城镇建设示范带"为主线，规划国际经贸商务区、投资合作开发区、重点边境经济区、文化旅游合作区、现代农业合作区、边境村镇建设先行区等六大功能区，以形成"一核两带六区"的"126"空间布局

通过查阅文献资料和相关新闻报道，可总结出滇桂两省区国家重点开发开放试验区的三点共性：

（1）口岸城市和重点开发开放试验区依靠其自身的资源优势发展资源性

产业及商贸物流及旅游业是其产业发展的主要路径。

（2）体制机制创新是试验区建设的核心内容。东兴试验区中越"两国一检"通关模式、商事制度改革"一照通"等一批改革探索走在全国前列，完成建立东盟货币服务平台、跨境人民币贷款业务办理、个人本外币兑换特许业务、跨境保险服务中心等多项创新成果，启动中越跨境劳务试点、跨境自驾游等一批项目。瑞丽试验区创新了边民跨境婚姻登记备案制，设立了第一个境外对缅非现金跨境结算服务点等。

（3）跨境产业合作采取"大企业＋大项目"的形式，招商引资力度大，一批百亿元以上的项目发展势头良好，带动当地产业体系不断完善和发展。

滇桂两省区国家重点开发开放试验区的主要区别[①]：

云南跨境经济合作平台建设主要采取的是垂直一体化模式和横向一体化模式，其中，垂直一体化的代表是中越河口—老街跨境经济合作区，横向一体化的代表是中缅姐告—木姐跨境经济合作区。在垂直一体化模式下，两国产业链在区域框架内迅速延伸，而中国利用较邻近国家经济发展的巨大优势，能够处于产业链的下游，吸引周边国家进行跨境经济合作；在横向一体化的模式中，跨境合作国家产业内合作发挥作用较小，主要依靠转口贸易和加工贸易进行跨境合作。

广西跨境经济合作区建设主要是采用垂直一体化和横向一体化聚合模式，其代表为中越凭祥—同登跨境经济合作区和中越东兴—芒街跨境经济合作区。广西与越南形成跨境合作产业链，再利用其区位优势，形成跨境合作区内产品向发达地区或国家形成转移。目前广西的跨境经济合作区主要是通过北部湾的区位优势，向东亚或欧美国家进行转口贸易。

---

① 内容来自课题组的阶段性研究成果：潘昱. 边界效应视角下我国沿边地区开放模式选择——以滇桂沿边开放实践为例［D］. 南宁：广西民族大学，2019.

3.3 滇桂沿边开放绩效分析：基于沿边贸易数据的实证研究①

沿边贸易是沿边地区对外开放的重要表现形式，一直以来都是衡量沿边开放成效的重要指标，同时也是现有沿边开放实践研究从口岸建设（胡颖等，2010；张必清，2013）、岸城互动（张丽君、吴凡，2014）到腹地支撑（李刚，2010；邬冰等，2012）一系列理论和实证研究展开的基点之一。本节基于沿边贸易数据，对滇桂沿边开放绩效及其与经济增长的关系进行实证分析，力图在一定程度上反映西南沿边地区经济开放的规律与状态，为滇桂充分发挥地缘优势、合作培育开放新高地、实现跨越式发展提供现实政策支持。

3.3.1 数据与变量

已有的对外开放绩效评价研究中，自变量主要包括贸易增长和对外投资，应变量包括经济增长、工资增长、就业促进等。本节以沿边贸易与经济增长之间的互动关系为代表，对滇桂沿边开放绩效进行比较。具体而言，选取2001～2014年滇桂两省区地区生产总值、边境贸易出口和进口额作为原始数据（数据来源于《广西统计年鉴》和《云南统计年鉴》）。为保证可比性，边境贸易进出口值分别用当年美元对人民币年平均汇价换算为人民币，并用CPI指数（2001＝100）对各变量值进行平减，分别用GDP、EX和IM代表滇桂两地区

---

① 本节内容来自课题组的阶段性研究成果（纳入本书时有调整和删减）：黄素心，郭瑞. 西南沿边地区开放绩效分析：基于边境贸易数据的实证研究［J］. 沿海企业与科技，2019（02）：48－50.

经过平减后的地区生产总值、边境贸易进口和出口的指标值。所有指标,下标1代表广西,下标2代表云南,下同。

3.3.2 单位根检验

ADF 单位根检验结果如表3-7所示,滇桂两省区的GDP、边境贸易进口及出口额数据均呈一阶单整。

表3-7 ADF 单位根检验结果

变量	ADF 统计值	10%临界值	检验形式 (c, t, k)	结论
$lnGDP_1$	-0.365206	-2.701103	C, 0, 0	不平稳
$lnIM_1$	-1.493288	-2.701103	C, 0, 0	不平稳
$lnEX_1$	-3.190030	-3.388330	C, t, 1	不平稳
$lnGDP_2$	0.511837	-2.701103	C, 0, 0	不平稳
$lnIM_2$	-3.348205	-3.362984	C, t, 0	不平稳
$lnEX_2$	0.824843	-2.701103	C, 0, 0	不平稳
$\Delta lnGDP_1$	-3.694592	-2.713751	C, 0, 0	平稳
$\Delta lnIM_1$	-2.925254	-2.713751	C, 0, 0	平稳
$\Delta lnEX_1$	-4.425559	-2.728985	C, 0, 1	平稳
$\Delta lnGDP_2$	-4.406961	-2.713751	C, 0, 0	平稳
$\Delta lnIM_2$	-3.724299	-2.728985	C, 0, 1	平稳
$\Delta lnEX_2$	-3.743223	-2.728985	C, 0, 1	平稳

注:检验形式中,c 表示截距项,t 表示趋势项,k 表示滞后阶数;滞后期 k 的选取依据 AIC 和 SC 联合信息量最小化准则来确定;检验结果由 Eviews 8.0 完成。

3.3.3 协整关系检验

由于 $lnGDP_1$、$lnIM_1$、$lnEX_1$、$lnGDP_2$、$lnIM_2$、$lnEX_2$ 皆为非平稳序列且是

一阶单整，因此，我们采用 Johansen 协整检验判断变量之间是否存在长期均衡关系，如表 3-8 所示。

表 3-8　Johansen 协整检验结果

变量	特征值	迹统计量	5% 临界值	结果（5% 显著水平）
$lnGDP_1$	0.896383	37.94326	29.79707	
$lnIM_1$	0.569173	10.73859	15.49471	有一个协整关系
$lnEX_1$	0.051462	0.633995	3.841466	
$lnGDP_2$	0.891716	42.59012	35.19275	
$lnIM_2$	0.599580	15.91418	20.26184	有一个协整关系
$lnEX_2$	0.336973	4.931279	9.164546	

从表 3-8 可知，广西、云南 GDP 与边贸进口额、边贸出口额之间各存在一个协整关系，关系式如下：

$$VEC_1 = lnGDP_1 - 0.242038 lnIM_1 - 0.510453 lnEX_1 - 6.480685 \quad (3-1)$$
$$\quad\quad\quad\quad (0.06691) \quad\quad\quad (0.03359)$$

$$VEC_2 = lnGDP_2 - 0.121478 lnIM_2 - 0.831165 lnEX_2 - 1.728740 \quad (3-2)$$
$$\quad\quad\quad\quad (0.08277) \quad\quad\quad (0.08817)$$

对 VEC_1 和 VEC_2 进行单位根检验，ADF 检验统计量在 5% 显著水平上小于临界值，序列 VEC_1 和 VEC_2 已是平稳序列，从而也反映了云南、广西的 GDP 和边境贸易额之间确实存在长期均衡关系。

根据协整关系式可以得出，滇桂 GDP 与沿边贸易进、出口之间存在着正向的协整关系。滇桂的沿边贸易的发展确实能够促进两地的经济发展，并且从协整关系的系数来看，广西的沿边贸易进口对经济发展的正向促进作用相较于云南更为显著，而云南的沿边贸易出口对经济发展发展的正向促进作用却高于广西。

3.3.4 Granger 因果关系检验

由前面的协整检验结果可知,广西和云南的 GDP 与沿边贸易进出口之间确实存在长期的均衡关系。但是这种均衡关系是否构成因果关系,因果关系的方向如何,需要进行 Granger 因果检验进一步验证。我们分别对滇桂 GDP 与沿边贸易进出口额进行 Granger 因果关系检验,滞后期为1,检验结果如表3-9所示。

表3-9 Granger 因果检验结果

Granger 因果关系	F 值	P 值	结论
$lnGDP_1$ 不是 $lnEX_1$ 的 Granger 原因	9.48442	0.0116	拒绝
$lnEX_1$ 不是 $lnGDP_1$ 的 Granger 原因	0.07706	0.7870	接受
$lnIM_1$ 不是 $lnGDP_1$ 的 Granger 原因	0.24939	0.6283	接受
$lnGDP_1$ 不是 $lnIM_1$ 的 Granger 原因	1.83774	0.2050	接受
$lnGDP_2$ 不是 $lnEX_2$ 的 Granger 原因	5.28117	0.0444	拒绝
$lnEX_2$ 不是 $lnGDP_2$ 的 Granger 原因	1.45313	0.2558	接受
$lnIM_2$ 不是 $lnGDP_2$ 的 Granger 原因	0.02552	0.8770	接受
$lnGDP_2$ 不是 $lnIM_2$ 的 Granger 原因	5.56213	0.0401	拒绝

注:显著性水平5%。

上述结果显示,滇桂经济发展确实为两地区的沿边贸易提供了好的条件,可以促进沿边贸易出口的发展,但滇桂沿边贸易的增加却不是经济发展的 Granger 原因。可能的解释是沿边开放纵深推进的结果,除了显示为沿边贸易增长,也表现为带动一般贸易及国际投资的增长。而一般贸易、国际投资领域取得的突破对地方经济的带动作用具有更高的显示度。

3.3.5 弹性分析

根据 $\ln GDP_1$、$\ln IM_1$、$\ln EX_1$、$\ln GDP_2$、$\ln IM_2$、$\ln EX_2$ 数据的检验关系，可利用最小二乘回归，找到滇桂两省区经济增长与边境贸易进出口额之间的弹性关系：

$$\ln GDP_1 = 8.337115 + 0.234983\ln IM_1 + 0.435130\ln EX_1 \quad (3-3)$$
$$(7.440712) \quad (2.266701) \quad (9.631656)$$
$$R^2 = 0.972598 \quad F = 195.2123 \quad D.W = 1.474455$$

$$\ln GDP_2 = 3.374486 + 0.247026\ln IM_2 + 0.659702\ln EX_2 \quad (3-4)$$
$$(3.263360) \quad (2.082993) \quad (5.144728)$$
$$R^2 = 0.985501 \quad F = 373.8269 \quad D.W = 1.782587$$

比较上述回归结果，可得到如下结论：

第一，滇桂两地边境贸易出口、进口均对 GDP 具有正向相关关系，而且拟合优度较好，沿边贸易与经济发展呈现出相互促进的良性关系。

第二，广西的沿边贸易出口和进口系数均小于云南，表明广西沿边贸易对当地其他产业的联动效应要小于云南。这与滇桂沿边贸易进出口商品的结构有关，云南沿边贸易出口以磷化工、机电产品等工业制成品为主，进口则以金属矿砂、氧化铝、铁矿石等资源型产品为主。相比于云南，广西的沿边贸易出口主要以机制物、农产品为主，初级产品的比重较大，加工制造业的比例较低。因此，虽然近些年来广西沿边贸易比云南发展迅速，但由于贸易商品结构的不同，广西沿边贸易对当地的其他行业的辐射效应和溢出效应并没有比云南显著。

第三，滇桂沿边贸易的出口系数均大于进口系数，说明边贸出口带动沿边地区积极发展制造业，有效促进了地区经济发展。

3.4 滇桂沿边开放存在的主要问题[①]

通过前文对滇桂沿边开放模式的比较以及对两省区沿边开放绩效的实证分析发现,以沿边贸易为代表的对外开放与西南沿边地区经济发展之间确实存在着长期的均衡关系,且随着"一带一路"倡议的不断深入推进,将会对沿边地区经济增长产生越来越重要的影响。但是纵观滇桂沿边开放的历程和目前的进展,仍然存在两方面主要的制约因素。

3.4.1 经济和产业基础仍然薄弱,制约了沿边开放的深度和广度

尽管区位优势一直是广西和云南历年来发展中强调的重点,借助区位优势两省区也得到了许多国家优惠政策的扶持,并借此搭建了一系列相关的开放合作平台。但多年发展下来总体来说体量相对较小,沿边市场没有形成规模效应,这些都使得两省区与沿边国家相互建立的跨境经济合作区、工业园区等合作项目难以得到预期的发展。产业集群没有形成,导致沿边地区与邻近国家产业链条较短,难以在合作区内形成高附加值加工态势,减缓了跨境合作区发展动力。滇桂两省区长期以来依赖于基础加工业和旅游业来发展和沿边国家的开放合作,对于高新技术产业、金融业少有涉及,开放合作方式单一,核心竞争力不足,不利于开放合作的持续和深化。

---

① 本节内容来自课题组的阶段性研究成果(纳入本书时有调整和删减):黄素心,郭瑞.西南沿边地区开放绩效分析:基于沿边贸易数据的实证研究[J].沿海企业与科技,2019(02):48-50.

3.4.2 沿边发展政策"重开放,轻开发",区位优势没有转化为产业优势

通过前文梳理广西与云南沿边开放的进程可以发现,从最初以沿边贸易为代表的开放模式发展到现在以边合区、跨合区、国家重点开发开放试验区等跨境经济合作平台发展为代表的开放模式,"开放"一直是广西和云南两省区政策制定的主要着力点。相较而言,对于"开发"的重视程度不足,沿边地区的产业发展所需的相关配套发展缓慢,依然存在运输成本高企和产业集群培育发展不足的问题。由于沿边地区与邻近国家经济水平都较弱,并没有相对配套的设施予以支持,使得跨境合作运输成本相比中国其他发达地区而言并无明显优势,导致邻近国家绕过沿边省区转而与发达省份展开产业合作,制约了沿边省区区位优势的发挥。

3.5 结论与建议①

就如何克服前文分析的制约因素,充分利用好滇桂两省区面向东盟的地缘优势,合作培育开放新高地,促进西南沿边地区经济实现跨越发展,本章提出以下两点建议:

第一,调结构,促升级,努力延伸跨境合作的产业链条。滇桂两地区同属欠发达地区,沿边开放的对象国也都是发展中国家,经济发展水平较低,这就使滇桂面临着沿边进出口商品结构雷同,贸易方式单一,贸易涉及初级产品比

---

① 本节内容来自课题组的阶段性研究成果(纳入本书时有调整和删减):黄素心,郭瑞. 西南沿边地区开放绩效分析:基于边境贸易数据的实证研究[J]. 沿海企业与科技,2019(02):48-50.

例较高的问题。云南与广西除了加强双方合作外,还须联合周边省市建设南(宁)贵(阳)昆(明)、大西南对东盟国家的商贸服务平台或相应合作机制。在集聚多方资源、扩大市场规模和出口产业后劲的同时,延伸跨境合作的产业链,提升出口产品附加值,大力改善贸易商品结构。

第二,拓展沿边贸易方式,促进单一沿边贸易方式向综合沿边经贸合作方式发展。受沿边开放对象国经济发展水平的限制,西南沿边地区的边贸主要集中于简单的货物贸易,产业带动作用有限,辐射效应发挥递减。应努力扩展经贸合作方式,加强与周边国家在跨境旅游、跨境劳务等优势领域及国际运输服务、国际结算等领域的合作。用沿边的投资合作带动沿边贸易的进一步发展,建立经贸合作带。通过对外开放广度和深度的拓展,提升开放绩效,促进沿边地区经济社会发展。

第4章 谁将是面向东南亚的门户：滇桂沿边开放中的竞争与合作

4.1 一场持续二十年的赛跑：滇桂竞争的背景分析[①]

云南和广西都与东南亚国家毗邻，从地理位置上就决定了它们都将面向东南亚作为战略发展的重点。

2019年8月，《国务院关于印发6个新设自由贸易试验区总体方案的通知》（国发〔2019〕16号）发布，其中，西部地区新设立云南、广西自贸区。云南自贸区的战略定位是，着力打造"一带一路"和长江经济带互联互通的重要通道，建设连接南亚和东南亚大通道的重要节点，推动形成我国面向南亚和东南亚辐射中心、开放前沿。广西自贸区的战略定位是，着力建设西南中南

[①] 李秀中. 广西和云南"较劲"20年，谁将是面向东南亚的门户？[EB/OL]. 第一财经，https://www.yicai.com/news/100313388.html，2019-08-29.

西北出海口、面向东盟的国际陆海贸易新通道，形成21世纪海上丝绸之路和丝绸之路经济带有机衔接的重要门户。虽然表述上有差异，但两个自贸区都将重点面向东南亚地区。

事实上，云南和广西在面向东南亚开放的赛场上，已经"较劲"了近20年。

从表4－1可以看到，国家部委在很多政策上对滇桂两省区采取了平衡的做法。比如，选择同时在云南和广西开展沿边金融综合改革、两地同时获批自贸区等，显示出双方的地位同样重要。广西社科院东南亚研究所副所长雷小华认为，云南和广西在与东盟的合作上有一定的竞争，但又各有侧重。云南侧重于陆上和印度洋方向，广西则侧重于海上又兼顾陆上。双方将在新的平台上加强与东盟的合作，朝着设定的目标发展。

表4－1　面向东南亚开放：滇桂情况对比汇总①

	广西	云南
重要开放平台	1. 广西自贸区 2. 南宁：中国—东盟博览会永久举办权（2003年） 3. 两个国家重点开发开放试验区（东兴、凭祥） 4. 两个边境经济合作区	1. 云南自贸区 2. 昆明：中国—南亚博览会永久举办权（2013年） 3. 两个国家重点开发开放试验区［瑞丽、勐腊（磨憨）］ 4. 五个边合区、跨合区
领馆落户情况	南宁：六国总领事馆 （柬埔寨、越南、泰国、老挝、缅甸、马来西亚）	昆明：七国领事馆 （柬埔寨、越南、泰国、老挝、缅甸、马来西亚、孟加拉国）
省会城市	加快建设南宁特大城市和区域性国际城市 （2017年国家发展改革委《北部湾城市群发展规划》）	力争到2030年，昆明基本建成区域性国际中心城市 （2017年《昆明市建设区域性国际中心城市实施纲要（2017—2030）》）

---

① 李秀中. 广西和云南"较劲"20年，谁将是面向东南亚的门户？［EB/OL］. 第一财经，https：//www.yicai.com/news/100313388.html，2019－08－29.

续表

	广西	云南
金融开放	2013年11月，国务院批准了《云南省广西壮族自治区建设沿边金融综合改革试验区总体方案》，选择在云南和广西同时开展沿边金融综合改革	
	2018年底，13部委印发《广西壮族自治区建设面向东盟的金融开放门户总体方案》，使得建设面向东盟的金融开放门户成为广西的新标签	2016年，云南印发《关于建设面向南亚东南亚金融服务中心的实施意见》，提出建设昆明区域性国际金融中心
优势	沿海：西部陆海新通道 把广西北部湾建设成为国际门户港（《国务院关于西部陆海新通道总体规划的批复》2019年8月）	基础设施建设：泛亚铁路网 云南省政府和中国民用航空局共同出台《昆明国际航空枢纽战略规划》

4.2 理论模型：边界效应视角下三种沿边开放模式的分析比较①

如前文所述，在沿边开放发展实践中，各国中央政府以及沿边地区地方政府等多主体间的博弈不可避免，在竞争中合作，也在合作中竞争。现有文献对沿边地区开放模式的讨论没有将沿边开发开放嵌入到各省份区域竞争与合作的大格局当中进行思考，仅"就沿边论沿边"。事实上，在新一轮开放格局中规划，国家将更加注重东中西部、沿海和内地、沿边与经济腹地的联动发展。滇桂两省区在中国—东盟合作中不仅面临核心角色的竞争，同时，也因差异化发

---

① 本节内容来自课题组成员的阶段性研究成果（纳入本书时有调整和删减）：潘昱. 边界效应视角下我国沿边地区开放模式选择——以滇桂沿边开放实践为例[D]. 南宁：广西民族大学，2019.

展具有巨大的合作空间。

因此,本节借鉴徐现祥等(2007)、皮建才(2008)、王春雷和黄素心(2011)、王春雷(2015)等文献关于地方政府参与区域一体化的数理模型研究框架,基于"边界效应"的视角,将类似分析范式引入到沿边开放政策协调问题当中,分析对比三种沿边开放政策协调机制以及沿边开放模式的效果。

4.2.1 切入点:边界效应

边界是国际经济研究当中的一个重要概念。早在 20 世纪 80 年代,便有学者将边界总结为阻碍资本和劳动力进行跨国界自由流动的阻碍中介(E. Andersson 等,1984),学者将这一现象称为"边界效应"。国外学者对于边境贸易影响因素关注最多的内容非"边界效应"莫属。在"边界效应"研究的早期,Giersch(1949)认为,边境无法让国家间资源顺利流通,所谓的区位优势并没有给边界地区创造相比于内陆地区的经济发展优势,因此,边界的存在对地区经济发展的促进作用很小。后来,以 McCallum(1995)为代表的一些学者称边界对经济发展的不利影响为"边界效应",这些学者普遍认为该效应的存在是边境地区发展受到限制的关键所在。尽管边界的存在给沿边地区造成了一定的负面影响,但是边界的存在也为沿边地区带来了一定的积极影响。

目前,学术界将中介效应与屏蔽效应作为边界效应的两种主流界定分类,其中,屏蔽效应对双边贸易产生负面影响,而中介效应的存在使边境贸易发展积极向有利方向推进(Coughlin 和 Novy,2009)。同时为了证明边界效应确实对双边的贸易产生积极影响,国外许多学者选择定量方法进行研究分析,其主要借助引力模型作为研究工具。Anderson 和 Wincoop(2001)在 McCallum 的研究基础上,对其结论做出了反驳,认为其忽略了双边经济体规模上的差异,导致高估边界效应的负面影响,二人将经济规模纳入引力模型,结果经过重新测算之后,美国和加拿大的双边差距远远小于 McCallum 计算结果。Liu 等

(2010) 对于 McCallum 的测算方法也提出了自己的反驳意见,他们认为用引力模型测算边界效应需要把非贸易品的影响纳入模型之中,通过计算进一步证明了美国和加拿大边界效应的负面影响持续缩小。Umber 等(2014)将引力模型对边界效应的测算从双边扩大到多边,具体研究欧洲各国家之间在苏联解体后到金融危机之前的边界效应,发现此期间边界效应中的屏蔽效应持续缩小,而中介效应在持续提升。与此同时,将美国部分州作为参照对象,发现欧洲各国家之间的边界效应的负面作用还是要高于美国各州之间,这表明边界效应仍然是欧盟一体化进程中的一大障碍。

由此,本节选择"边界效应"作为模拟沿边地区开放政策选择的切入点,同时也作为两国/两地开放政策不一致所造成的经济效率损失的度量标准。

4.2.2 分析框架

本部分借鉴地方政府参与区域一体化的数理模型研究框架,研究沿边开放政策协调问题。博弈模型所涉及的博弈主体为我国沿边省区的地方政府(例如广西、云南)以及对应的东道国中央政府(例如越南、缅甸、老挝等)。由于与我国西南接壤的国家经济体量较小,即便是越南也只相当于我国一个省的经济体量,因此,在数理模型的构造过程中,可将其作为一个与我国沿边省区地方政府对等的博弈主体进行分析。

假设1:在现实当中两个沿边省区可能与同一个国家相邻,若两个地方政府各自与东道国家制定开放发展的政策,则可能存在利益协调上的摩擦与损失,所以,传统行政区划的政策制定模式存在诸多缺陷,应该突破行政区划的限制,组成合作大区域①。沿边开放省区之间可以组成一个"区域合作开放

---

① 李忠民,李善燊. 区域经济一体化与行政管理体制冲突问题研究——以西咸经济一体化为例[J]. 中国软科学,2009(01):90-96.

体",通过将各行政区划的利益诉求内部化,以此来联合协调沿边开放省区的开放发展。在此种假设之下博弈主体为一国的两个地方政府。

目前,我国在区域合作发展之中已经先后形成了珠三角、长三角、粤港澳大湾区等区域合作整体,并且已经取得了较大的成功。例如根据2015年世界银行的统计,珠三角已经超过日本东京成为世界最大的城市带①。因此,笔者将区域合作一体化的研究框架运用到沿边省份区域合作开放之中,本书称之为"联合开放模式"。

假设2:我国沿边地方政府可能由于经济和文化等发展差异,无法形成区域合作,因此,各自同时和东道国中央政府进行博弈,在此种假设之下,博弈主体为一国的中央政府和另一国的地方政府,这时就出现了两种情况:

其一,沿边开放地方政府和东道国中央政府同时制定沿边开放政策,此类博弈类似微观经济理论里面寡头博弈中的古诺博弈,在此情境下,沿边开放地方政府出于自身利益考虑,并不会与其他沿边开放区域的地方政府形成合作,将独自和东道国中央政府进行博弈,本书将此种沿边开放模式称之为"平行开放模式"。

此类博弈在现实中较为常见,无论是国家内区域合作还是国家之间的对外开放,由于信息畅通,即信息不对称性较弱,因此,两个博弈主体会选择同时展开博弈。

其二,沿边开放地方政府和东道国中央政府在制定沿边政策上存在先后顺序,其中一个博弈主体会率先制定沿边开放政策,而另一博弈主体只能随后跟从,此种博弈类似于寡头博弈中的斯塔克伯格博弈,即沿边开放过程中会出现一个开放模式的领导者,本书称之为"贯序开放模式"。

开放政策的博弈在国家或地区间存在先后顺序在实践中也并不鲜见,此种

---

① 资料来源:http://fs.leju.com/news/2015-01-28/08385966001087373954568.shtml。

博弈形成的原因主要在于信息不对称,因此,一方博弈主体需等待另一方先行动之后才能根据对方的行动来决定自己的策略。

根据以上假设,本部分将借鉴徐现祥等(2007)、皮建才(2008)、王春雷和黄素心(2011)、王春雷(2015)等文献关于区域一体化的数理模型研究框架,基于"边界效应"的视角,将类似分析范式引入到沿边开放政策协调问题当中,分析对比三种沿边开放政策协调机制("联合开放模式""平行开放模式"和"贯序开放模式")以及沿边开放模式的效果。

4.2.3 模型设定与推导①

假设存在两个地区 i,i=1,2。此处的 i 既可以表示一个国家的中央政府和另一国的地方政府,也可以表示为一国的两个地方政府,具体含义根据接下来所分析的开放模式而定。两个地区发展经济收益分别表示为:

$$y_1 = R_1 - [(d_1 - \theta_1)^2 + \beta_1 (d_1 - d_2)^2] \quad (4-1)$$

$$y_2 = R_2 - [(d_2 - \theta_2)^2 + \beta_2 (d_2 - d_1)^2] \quad (4-2)$$

其中,R_i 表示每个地区潜在的最大经济收益,d_1 和 d_2 表示地区制定的开放政策②,θ_1 和 θ_2 表示地区的实际经济情况,即区情。当地区制定的经济开放政策与自身区情不一致时,会产生一个"适应损失",分别用 $(d_1 - \theta_1)^2$ 和 $(d_2 - \theta_2)^2$ 表示。

每个地区除了考虑区域开放政策能否适应本地区情,还要考虑与其他地区开放政策之间的协调问题。当两个地区制定的开放政策一致时,它们形成一个

---

① 本节模型框架来自课题组成员的前期研究成果:黄素心,王春雷. 区域经济协调发展机制研究[M]. 北京:北京理工大学出版社,2015. 以及课题组成员的阶段性研究成果(纳入本书时有调整和删减):潘昱. 边界效应视角下我国沿边地区开放模式选择——以滇桂沿边开放实践为例[D]. 南宁:广西民族大学,2019.

② 例如市场准入、要素流动等方面的政策。

完全一体化的区域;当两个地区的开放经济政策存在差异时,地区之间就存在市场分割。地区之间的开放政策差异越大,市场分割程度也越大,由此带来的"效率损失"也越大。这与前文提到的"边界效应"一致,即沿边区域内,一国的地方政府和东道国中央政府因为开放政策制定上的差异,使两国边境上资本、劳动等资源的流通产生了阻碍,因此,将地区发展经济收益中的($d_i - d_j$)用以刻画沿边地区的"边界效应"。

$\beta > 0$,反映的是边境地区市场一体化的重要程度,β越大,边界效应带来的损失也越大。由于R_i代表的是不存在适应损失和边界效应损失时每个地区潜在的最大经济收益,因此,我们假设R_i足够大以确保各地区经济收益非负。两个地区的异质性除了表现在R_i之外,还表现在边境地区市场一体化对两个地区的重要程度β_i不一样。一般而言,沿边开放政策协调性越好,市场一体化程度越高,劳动力、资本等生产要素更易流向发达地区,一般而言,发达地区的β值更大。

在上面建立的模型架构当中,要使沿边国家或地区的实际经济收益最大,从另一角度来说就是要求出"效率损失"和"边界效应"损失的最小值,即:最小化地区 i 的损失:

$$L_i = (d_i - \theta_i)^2 + \beta_i (d_i - d_j)^2 \qquad (4-3)$$

下文将依照此思路,围绕最小化L_i求出各种沿边开放模式下的($d_i - d_j$)值,即各种沿边开放模式下"边界效应"的值,并进行对比分析。

4.2.3.1 本国沿边地区合作:联合开放模式

在这种模式下,我国两个沿边地区将会展开合作并组成"区域合作开放体",以此通过合作将地区间的矛盾内部化,减少各自单边对东道国中央政府开放的信息不对称损失。在沿边开放实践中,除了本书所举例的广西和云南,东三省同样有着形成沿边开放区域合作的潜力。此时,区域合作开放的地方政府通过彼此间的协调（选择 d_1 和 d_2），目的是使两个地方政府所组成的区域实际经济收益最大化，即总损失最小：

$$\min_{d_1,d_2} \left[(d_1-\theta_1)^2+\beta_1(d_1-d_2)^2\right]+\left[(d_2-\theta_2)^2+\beta_2(d_2-d_1)^2\right] \tag{4-4}$$

上式分别关于 d_1 和 d_2 求偏导，得到一阶条件：

$$(1+\beta_1+\beta_2)d_1-(\beta_1+\beta_2)d_2-\theta_1=0 \tag{4-5}$$

$$(1+\beta_1+\beta_2)d_2-(\beta_1+\beta_2)d_1-\theta_2=0 \tag{4-6}$$

二阶条件为 $(1+\beta_1+\beta_2)>0$，因此存在极小值。解得①：

$$d_1^G=\frac{(1+\beta_1+\beta_2)\theta_1+(\beta_1+\beta_2)\theta_2}{1+2\beta_1+2\beta_2} \tag{4-7}$$

$$d_2^G=\frac{(1+\beta_1+\beta_2)\theta_2+(\beta_1+\beta_2)\theta_1}{1+2\beta_1+2\beta_2} \tag{4-8}$$

两个地区的经济开放政策差异，即"边界效应"为：

$$d_2^G-d_1^G=\frac{\theta_2-\theta_1}{1+2\beta_1+2\beta_2} \tag{4-9}$$

此处，设 $\theta_2>\theta_1$，通过上式可以看出，沿边市场一体化对国家或地区的重要程度 β 越强，则"边界效应"越小，这里的"边界效应"是一国中两个沿边区域政府开放合作的"边界效应"，只有尽可能地缩小区域间的"边界效应"损失，才能在与东道国中央政府的沿边开放过程中获得尽可能多的实际经济收益。

4.2.3.2 邻国中央政府和本国沿边地方政府同时制定政策：沿边"平行开放模式"

在"平行开放模式"中，博弈主体是邻国中央政府和本国沿边地方政府。由于两个博弈主体经济实力相当（如越南的经济总量与我国广西或云南差不

---

① 上标 G 表示两个沿边地方政府组成合作开放区域，即联合开放模式。

多），且外部信息不对称性较弱，因此，博弈主体"同时"制定沿边政策，类似于古诺博弈。地区 i 选择辖区内的政策 d_i，目标是使得本辖区经济收益最大，即本辖区适应损失及边界效应损失最小：

$$\min L_i = (d_i - \theta_i)^2 + \beta_i (d_i - d_j)^2 \tag{4-10}$$

由一阶条件 $\partial L_1/\partial d_1 = 0$ 和 $\partial L_2/\partial d_2 = 0$ 可得：

$$(1 + \beta_1)d_1 - \beta_1 d_2 - \theta_1 = 0 \tag{4-11}$$

$$(1 + \beta_2)d_2 - \beta_2 d_1 - \theta_2 = 0 \tag{4-12}$$

二阶条件为 $(1 + \beta_1) > 0$ 以及 $(1 + \beta_2) > 0$，因此存在极小值。解得①：

$$d_1^C = \frac{(1 + \beta_2)\theta_1 + \beta_1 \theta_2}{1 + \beta_1 + \beta_2} \tag{4-13}$$

$$d_2^C = \frac{(1 + \beta_1)\theta_2 + \beta_2 \theta_1}{1 + \beta_1 + \beta_2} \tag{4-14}$$

在平行开放模式下，边界效应损失为：

$$d_2^C - d_1^C = \frac{\theta_2 - \theta_1}{1 + \beta_1 + \beta_2} \tag{4-15}$$

4.2.3.3 邻国中央政府和本国沿边地方政府先后制定政策：沿边"贯序开放模式"

在这种模式下，博弈主体仍然是邻国中央政府和本国沿边地方政府。某个博弈主体先制定政策，另一主体随后（即在知晓对方策略的情况下）制定政策，因而类似于斯塔克伯格博弈。

假设地区 1（邻国中央政府）先制定政策，地区 2（本国沿边地方政府）后制定政策，我们根据逆推法求解均衡策略 (d_1^L, d_2^F)②。

首先，根据平行模式下反应函数的推导结果，由式（4-12）可得地区 2

---

① 上标 C 表示各地区同时制定政策，即平行开放模式。
② 上标 L 表示领导者（Leader），即先制定政策的地区；上标 F 表示跟随者（Follower），即后制定政策的地区。

的政策反应函数为：

$$d_2^F = \frac{\theta_2 + \beta_2 d_1^L}{1 + \beta_2} \tag{4-16}$$

地区1在知晓上述反应函数的条件下选择 d_1^L 使得损失最小，即：

$$\min L_1 = (d_1^L - \theta_1)^2 + \beta_1 (d_1^L - \theta_2)^2 / (1 + \beta_2)^2 \tag{4-17}$$

一阶条件为：

$$d_1^L - \theta_1 + \frac{\beta_1}{(1 + \beta_2)^2}(d_1^L - d_2^F) = 0 \tag{4-18}$$

二阶条件为 $1 + \beta_1/(1 + \beta_2)^2 > 0$，因此存在极小值。解得：

$$d_1^L = \frac{(1 + \beta_2)^2 \theta_1 + \beta_1 \theta_2}{\beta_1 + (1 + \beta_2)^2} \tag{4-19}$$

根据式(4-16)和式(4-19)可算得边界效应：

$$d_2^F - d_1^L = \frac{\theta_2 - d_1^L}{1 + \beta_2} = \frac{(1 + \beta_2)(\theta_2 - \theta_1)}{\beta_1 + (1 + \beta_2)^2} \tag{4-20}$$

相反地，假设地区2（本国沿边地方政府）先制定政策，地区1（邻国中央政府）后制定政策，同样可根据逆推法求解均衡策略 (d_1^F, d_2^L)。

首先，根据平行模式下反应函数的推导结果，由式（4-11）可得地区1的政策反应函数为：

$$d_1^F = \frac{\theta_1 + \beta_1 d_2^L}{1 + \beta_1} \tag{4-21}$$

地区2在知晓上述反应函数的条件下选择 d_2^L 使得损失最小，即：

$$\min L_2 = (d_2^L - \theta_2)^2 + \beta_2 (d_2^L - d_1^F)^2 = (d_2^L - \theta_2)^2 + \beta_2 (d_2^L - \theta_1)^2 / (1 + \beta_1)^2 \tag{4-22}$$

一阶条件为：

$$d_2^L - \theta_2 + \beta_2 (d_2^L - d_1^F)/(1 + \beta_1)^2 = 0 \tag{4-23}$$

二阶条件为 $1 + \beta_2/(1 + \beta_1)^2 > 0$，因此存在极小值。解得：

$$d_2^L = \frac{(1+\beta_1)^2 \theta_2 + \beta_2 \theta_1}{(1+\beta_1)^2 + \beta_2} \qquad (4-24)$$

在地区 2 先行的贯序模式下,边界效应为:

$$d_2^L - d_1^F = \frac{d_2^L - \theta_1}{1+\beta_1} = \frac{(1+\beta_1)(\theta_2 - \theta_1)}{(1+\beta_1)^2 + \beta_2} \qquad (4-25)$$

4.2.4 三种沿边开放政策协调模式的比较分析

在前文中,通过对三种沿边开放模式构建数理模型,我们主要将关注点放在"边界效应"损失的分析当中,在一国沿边开放过程中,边界效应的影响始终存在,而边界效应的存在也成为了沿边市场资源相互流动的重要制约因素。为此,在政府制定沿边开放政策的过程中最为重要的是使边界效应的损失达到最小,这样才有可能使实际经济收益最大化。

为比较上述三种沿边开放政策协调模式的优劣,并研究不同选择对边界效应损失的影响,我们证明了如下命题。

命题 1:三种沿边开放政策协调模式相对比,按边界效应损失从低到高的顺序依次为:联合开放模式 < 平行开放模式 < 贯序开放模式。

证明:通过前文分析可知,在"联合开放模式""平行开放模式"和"贯序开放模式"之下,边界效应的损失分别是式(4-9)、式(4-15)、式(4-20)、式(4-25),我们可以一一进行比较。

对比"联合开放模式"和"平行开放模式"的边界效应损失。比较式(4-9)和式(4-15)得,$d_2^C - d_1^C = \frac{\theta_2 - \theta_1}{1 + 2\beta_1 + 2\beta_2} < \frac{\theta_2 - \theta_1}{1 + \beta_1 + \beta_2} = d_2^C - d_1^C$,即平行模式下边界效应损失大于联合模式,这主要是因为在此开放模式下将本来具有外部性的影响进行内部消化,使得边境资源的流通阻碍更小。

在贯序模式下,边界效应损失由式(4-20)和式(4-25)给出,进行一些简单的转化得到：

$$d_2^F - d_1^L = \frac{(1+\beta_2)(\theta_2-\theta_1)}{\beta_1+(1+\beta_2)^2} = \frac{(\theta_2-\theta_1)}{\beta_1/(1+\beta_2)+(1+\beta_2)} > \frac{\theta_2-\theta_1}{1+\beta_1+\beta_2} = d_2^C - d_1^C$$
(4-26)

$$d_2^L - d_1^F = \frac{(1+\beta_1)(\theta_2-\theta_1)}{(1+\beta_1)^2+\beta_2} = \frac{\theta_2-\theta_1}{1+\beta_1+\beta_2/(1+\beta_1)} > \frac{\theta_2-\theta_1}{1+\beta_1+\beta_2} = d_2^C - d_1^C$$
(4-27)

可知，在贯序模式下，无论是地区1还是地区2先行，边界效应损失均大于平行模式。

通过以上分析可以得出三种沿边开放模式的边界效应损失由高到低分别是贯序开放模式、平行开放模式、联合开放模式。

在以上分析中，虽然联合开放模式可以达到边界效应损失的最小化，是三种开放模式中的最优策略，但是在实践过程中却未必可行。因为沿边地方政府的权力有限，若要达成区域合作必须由国家的中央政府介入方可实现，目前在我国政府的领导之下，长三角、珠三角、粤港澳大湾区等区域合作模式相继达成，也取得了一定的成绩，但是这其中一个很重要的因素便是这些达成合作的区域本身经济实力就较强，彼此间的合作是互利互惠。相比之下我国沿边省区经济发展相对较为落后，合作过程中需破除很多阻碍，虽然中央政府可以通过强大的政治手段予以干预，但是中央政府和地方政府的信息不对称在沿边区域治理上更显突出，达成区域合作后再进行沿边开放实际运用难度较大。

虽然平行开放模式和贯序开放模式的边界效应损失都比联合开放模式的要大，但是两者均有较强的可操作性，原因在于地方政府获得充分的授权，降低了政策执行过程中的沟通成本，地方政府根据自身情况自由选择对东道国的沿边开放是"平行式"还是"贯序式"，增加了制定政策过程中的自由度，因此，沿边开放地方政府可以选择相对较优的开放模式。

4.2.5 模型分析结论

根据沿边开放区域的现实情况分析分别构建了联合开放模式、平行开放模式和贯序开放模式，分别对应沿边地方政府对应现实情况的三种选择，如果单从边界效应造成损失的角度出发，联合开放模式造成的边界效应损失最小，无疑是最优的开放模式选择，但是在实践中操作难度较大。因此，关于三种开放模式模型具体分析结论如下：

（1）联合开放模式虽然理论上边界效应损失程度最小，但未必是最优选择。根据我国国情可知，该模式需在中央政府的干预协调之下才能实现，地方政府难以自发完成，该模式存在强大的政治力量介入的干扰，这点在本章节的模型中无法体现，但是可以想象的是由于中央政府的介入，地方政府失去了主动权，那么可能就会产生比较严重的委托—代理问题，且由于信息不对称问题在我国沿边区域更为严重，因此，中央政府相比地方政府对于沿边区域的政策制定未必占有优势，再加上中央集权削弱了地方政府的主动性，有可能造成沿边开放政策难以在地方顺利执行。这些结果是与模型所制定的初衷相悖的。

（2）平行开放模式和贯序开放模式代表了中央政府充分放权地方政府，这在实践中有较强的可操作性。该两种模式均是地方政府根据自身实际情况和东道国政府进行政策博弈，无论是同时博弈还是有先后顺序的博弈均是根据自身情况来确定，不需要中央政府的过多干预。这样地方政府在沿边开放进程中掌握了主动权，且自身主动性较强，虽然与东道国中央政府之间的博弈产生了一定边界效应上的损失，但是随着地方政府的不断发展，自身实力不断增强，边界效应的损失也会不断减小。因此，平行开放模式和贯序开放模式是地方政府制定沿边开放政策的更优选择。

（3）相比平行开放模式，贯序开放模式可能会产生先发优势。从理论上来说，在贯序开放模式中，经济实力较强的博弈方会先行制定开放政策，但是就现实情况来说我国沿边区域和东道国之间经济体量相差不大,地方政府制定政策的先后顺序未必对地区开放发展本身有着本质影响,而在于通过先行动而获得中央政府的关注从而获得政府的优惠政策,这是地方政府先行动而获得的先发优势。因此,尽管经济体量可能相差不多,但是为了率先获得中央政府的优惠政策,地方政府可能会争先制定沿边开放政策。

4.3 数值模拟:以滇桂两省区对越南开放为例

在上一节理论模型的基础上,本节将采用数值模拟的形式对前述结论的稳健性进行检验与分析,检验模型分析结论的适用性。

4.3.1 模拟对象的选取与数据来源

广西、云南两省区地理位置相邻,两省区均有多个市县与越南接壤,自古以来便与越南有着紧密的贸易联系①。为从多个维度模拟比较广西与云南对越南开放的效果,本节将分别从经济发展、进出口贸易和出入境旅游三个维度进行数值模拟,通过对比"边界效应"的大小来反映不同开放政策协调模式下的开放效果。

经济发展指标采用广西、云南和越南的人均 GDP;进出口贸易的指标为广西和云南对越南的进出口商品贸易总值以及越南对中国的进出口贸易商品总值;出入境旅游的指标为广西、云南和越南历年来接待入境旅客的人数。本节

---

① 胡超. 改革开放以来我国民族地区边境贸易发展的演变轨迹与启示 [J]. 国际贸易问题,2009 (06):3-10.

所用数据全部来源于2008~2018年《广西统计年鉴》《云南统计年鉴》以及《一带一路国家统计年鉴》。

为合理反映三种沿边开放模式的绩效，又不使数值模拟的结果过大，对β的取值分别是0.3、0.5和0.7，分别表示三个地区对沿边市场一体化的重视程度。根据现实情境分析，尽管广西和云南属于省级行政单位，但是其经济体量相比越南略有优势，再加上有中国强大的中央政府支持，因此，本章假设广西与云南在经济发展好于越南的情况下对沿边市场一体化的重视程度更高。越南由于要扶持本国产业的发展可能会适当缩小开放程度。而再将广西与云南作比较，云南除了与越南接壤之外，还和老挝、缅甸接壤，不同于广西只和越南接壤，因此相比于云南，广西沿边开放市场聚焦度更高，不会被其他市场分散注意力，所以对和越南的沿边开放市场一体化重视程度更高。综合上述分析对于β的赋值分别是广西0.8，云南0.5，越南0.3。

需要说明的是，在4.2节中"贯序开放模式"有两种情况：一是地区1（邻国中央政府）先制定政策，地区2（本国沿边地方政府）后制定政策；二是相反。可以证明，若由发达程度较低的地区先制定政策，两地区经济效益损失较大[①]。因此，在本节的模拟中，对"贯序开放模式"的模拟默认为地区2（本国沿边地方政府）先制定政策，地区1（邻国中央政府）后制定政策。即分别采用式（4-9）、式（4-15）、式（4-25）作为计算三种沿边开放政策协调模式下边界效应损失的模拟公式。

4.3.2 三个维度的数值模拟

4.3.2.1 维度1——经济发展层面

经济发展情况采用云南、广西和越南的人均GDP代表，原始数据如表4-2

---

① 黄素心，王春雷. 区域经济协调发展机制研究 [M]. 北京：北京理工大学出版社，2015.

第4章 谁将是面向东南亚的门户：滇桂沿边开放中的竞争与合作

所示。

表4-2 云南、广西和越南2006~2016年的人均GDP[①]　　单位：美元

年份	广西	云南	越南
2016	5666	4611	2186
2015	4996	4292	2107
2014	4952	4062	2052
2013	4600	3773	1908
2012	4182	3307	1755
2011	3788	2870	1543
2010	3024	2347	1334
2009	2399	2017	1232
2008	2189	1873	1165
2007	1833	1581	919
2006	1508	1330	797

由表4-3和图4-1可知，在联合开放模式下，沿边开放能够取得较好的绩效即边界效应所造成的损失最小；而相比于云南，广西在对越南的沿边开放中取得了相对较好的绩效，边界效应所造成的损失最小。产生以上结果的原因可能有如下几个方面：

表4-3 经济发展维度下的边界效应损失模拟结果

年份	联合	平行：广西	平行：云南	贯序：广西	贯序：云南
2016	310	1740	2426	1893	1440
2015	207	1444	2186	1571	1297
2014	262	1450	2011	1578	1193

---

① 资料来源：根据《广西统计年鉴》《云南统计年鉴》和越南统计局公开数据整理而得。在《广西统计年鉴》和《云南统计年鉴》中人均GDP的单位是元，为保证数据一致性，将两者单位根据1美元=6.7102人民币的汇率统一换算成以美元为单位。

续表

年份	联合	平行：广西	平行：云南	贯序：广西	贯序：云南
2013	243	1346	1866	1464	1107
2012	257	1214	1553	1320	921
2011	270	1123	1328	1221	788
2010	199	845	1014	919	601
2009	112	583	786	635	466
2008	93	512	709	557	420
2007	74	457	663	497	393
2006	52	356	534	387	317

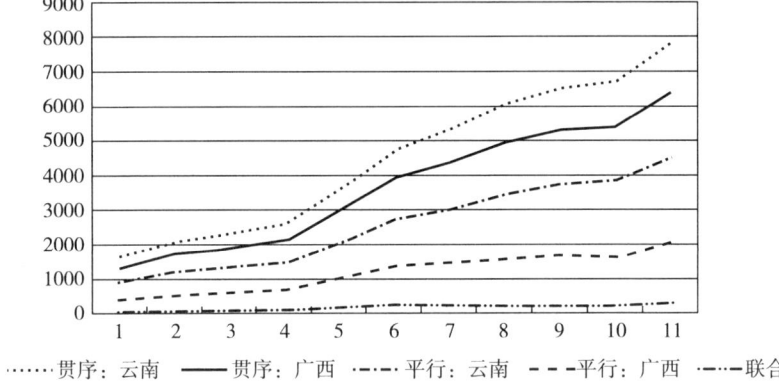

图 4-1 经济发展维度下的边界效应损失模拟结果

第一，当广西和云南联合成了一个沿边开放区域之后，所有外部性因素都可以内部进行消化，这样有利于减少政策制定不一致时所带来的损失，因此，在理论上先在区域合作上达成一致，然后再进行沿边开放是能够取得较好沿边开放绩效的对策。

第二，广西相比于云南有着更好的经济发展，这可能是其在沿边开放绩效上较优于云南的原因。由于有着相对较好的经济条件支撑，广西相对于云南在沿边开放政策的制定上有着更大的空间，所以可以获得较好的绩效。同时相比于云南，广西在沿边开放的对象东道国上只有越南一国，不必像云南一样还需要分散精力照顾老挝与缅甸的利益，因此，沿边开放政策更为聚焦的广西能够获得更好的开放绩效。

第三，贯序开放模式在实践中可操作性较强，但是理论上边界效应损失较大，其可能的原因在于我国沿边地区和东道国之间信息不对称性较为严重，在贯序开放模式下需克服较大的信息不对称阻碍，才能达到所制定政策的效果。

4.3.2.2 维度2——进出口贸易层面

除了经济发展维度，进出口贸易是最能有效反映出边界效应损失大小的指标（Brocker，1984）①，因此，有必要从进出口贸易层面进行分析，比较广西与云南的沿边开放模拟结果。

本部分数据来自《云南统计年鉴》和《广西统计年鉴》中对越南的进出口商品总值和越南对中国的进出口商品总值，由于数据收集能力所限，选用数据的时间跨度为2007~2017年，如表4-4所示。

表4-4 广西、云南和越南2007~2017年进出口商品总值

单位：百万美元

年份	广西	云南	越南
2017	84	36	355
2016	79	34	220
2015	17	33	166
2014	14	29	149
2013	11	25	132
2012	8	21	128

---

① Brocker. How Do International Barriers Affect Interregional Regional and Industrial Theories, Anderson, Isard and T Puu, eds [M]. Elsevier Science Publishers, 1984.

续表

年份	广西	云南	越南
2011	6	20	116
2010	4	17	77
2009	2	13	54
2008	1	12	49
2007	1	10	36

资料来源：根据《广西统计年鉴》《云南统计年鉴》和越南统计局公开数据整理而得。

由表4-5和图4-2可知，由于本部分数据来自《云南统计年鉴》和《广西统计年鉴》中对越南的进出口商品总值和越南对中国的进出口商品总值，数据统计口径有偏差，因此，在进出口贸易层面下，联合开放模式与另外两种开放模式的数据并不具有可比性。

表4-5 进出口贸易维度下的边界效应损失模拟结果

年份	联合	平行：广西	平行：云南	贯序：广西	贯序：云南
2017	50	135	318	147	189
2016	47	70	184	77	110
2015	14	74	132	81	79
2014	13	68	119	74	71
2013	12	60	106	66	63
2012	11	60	106	65	63
2011	12	55	95	60	57
2010	11	37	59	40	36
2009	8	26	41	28	25
2008	9	24	36	26	22
2007	7	18	26	19	16

通过对比平行开放模式和贯序开放模式下广西与云南的模拟结果，可以发现随着进出口贸易的不断发展，所产生的边界效应损失差距不断拉大。在早期

广西与云南的边界效应损失比较接近,但后期两者差距逐渐扩大,也印证了实践中广西在对越南边境贸易发展方面无论从政策还是平台上均领先云南一步的情况。

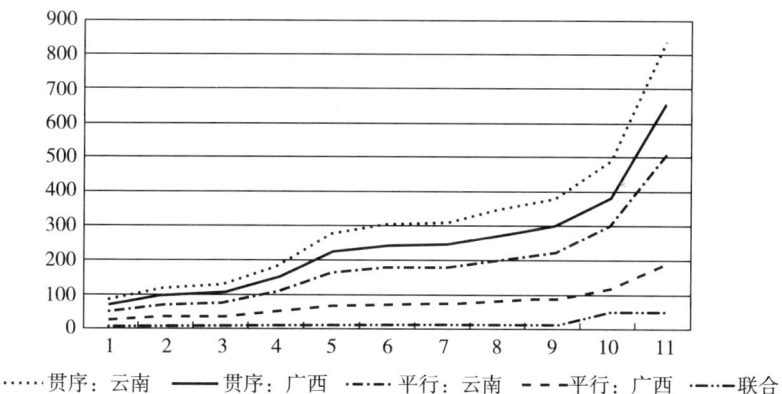

图4-2 进出口贸易维度下的边界效应损失模拟结果

4.3.2.3 维度3——出入境旅游层面

出入境旅游是地区沿边开放的重要标志,国家或地区的开放能够吸引入境旅游人数的增多,而出入境旅游也一直是我国沿边地区发展的重点产业之一[①]。因此选用接待入境旅游外国游客的人数作为指标,比较广西与云南的沿边开放模拟结果。所用数据的时间跨度为2010~2017年(见表4-6),结果如表4-7和图4-3所示。

由图4-3可知,在平行开放模式下,广西的沿边开放绩效与联合开放模式相近,直到最近两年才出现了偏离。由此可以看出,在对待出入境旅游开放上,广西开放程度更高,更加渴望通过旅游来促进地区经济的发展,在此过程

---

① 卢澜之. 演化博弈视角下德宏州边境旅游发展研究[D]. 昆明:云南财经大学,2017.

中努力破除旅游对外开放上的诸多矛盾,减少了边界效应的损失。

表4-6 广西、云南和越南2010～2017年入境外国游客数量

单位:万人

年份	广西	云南	越南
2017	255	508	401
2016	252	451	270
2015	239	420	178
2014	222	383	195
2013	212	382	191
2012	193	330	143
2011	171	281	142
2010	141	231	91

资料来源:根据《广西统计年鉴》《云南统计年鉴》和越南统计局公开数据整理而得。

表4-7 出入境旅游维度下的边界效应损失模拟结果

年份	联合	平行:广西	平行:云南	贯序:广西	贯序:云南
2017	250	73	107	79	54
2016	196	9	181	10	92
2015	178	31	243	33	123
2014	159	13	189	15	96
2013	168	11	192	12	98
2012	135	25	188	27	95
2011	107	15	140	16	71
2010	87	25	141	27	71

而在平行开放模式下,云南边界效应的损失与贯序开放模式下相近,这是前文所述两个层面中所不曾出现的情况,对此其原因可能是在于云南对待边境

旅游的开放上态度保守，毕竟相比于广西，云南的边境情况更为复杂，除了与越南接壤之外，还和老挝、缅甸接壤，在边境上多重的文化差异导致在同时制定政策时云南和越南政府所要耗费的精力更大，因此造成了较大的边界效应损失。

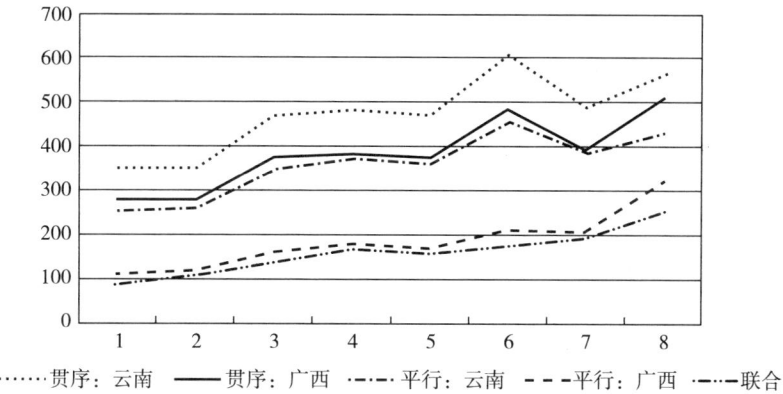

图 4-3 出入境旅游维度下的边界效应损失模拟结果

4.4 结论与政策建议

本章构建理论模型在边界效应视角下探讨了三种沿边开放政策协调模式的效果和选择，并以广西、云南对越南开放的实际数据进行数值模拟，较好地验证了理论模型结论的稳健性，为我国沿边地区在开放政策协调模式选择层面上提供了理论支持。

基于本章理论分析研究结果，为沿边地区开放实践提供以下发展建议：

第一,沿边地方政府制定开放政策时既要保证尽可能与东道国利益保持一致,又必须保证制定的政策满足自身发展需要。在前文所构建的沿边开放政策协调模式理论模型中,无论是联合开放模式、平行开放模式还是贯序开放模式,尽管造成的边界效应损失不同,但其目的都在于在不同的沿边开放政策情境下,尽可能地保证博弈双方的总体边界损失最小,同时也保证自身边界效应损失最小,这是沿边地方政府在政策制定中需要重点考虑的问题。在实践过程中,地方政府需在充分了解东道国经济、政治和文化等领域的发展情况下,与东道国在各种制度或体制上达成一致后再制定相关开放发展政策,促进双边共同发展,减少因双边某些因素上的不同导致后续合作发展可能会遇到的风险。

以本书所研究的广西和云南为例,两省区在多年的沿边开放发展中已经与越南建立相关的跨境合作区、合作跨境产业园等双边合作的项目,逐渐促进与东道国政府的互利互信,也带动了自身相关产业的发展。在未来沿边地方政府与沿边开放东道国的合作中需要加强对话,增进合作,有利于减少政策协调成本,既使双边利益得到保证,又符合自身发展的需要。

第二,联合开放模式下虽然理论上边界效应的损失较小,但是实践过程中较难实行,因此,沿边地方政府对于该开放模式需慎重选择。以本书所研究的广西与云南现实案例为例,在现实情境中,广西与云南地理位置上相近,理论上可以像我国长三角、珠三角等地区一样组成合作区域,但是沿边地区政治、经济、文化等条件更加复杂,且还有来自沿边地区的外部因素影响,因此,为了实现联合开放模式,两省区需要谈判达成一致联合成为一个"区域合作开放体",与东道国越南进行沿边开放政策制定的博弈。这就要求我国的中央政府首先要让广西与云南协调一致,组成区域合作体,然后广西与云南还要解决区域合作产生的内部矛盾,最后再与越南政府进行博弈。这样就会涉及较多的程序需要协调诸多的利益,更何况中央政府与地方政府之间可能存在非常严重的信息不对称问题,因此,联合开放模式在实践中很难实行。以上情况意味着

第4章 谁将是面向东南亚的门户：滇桂沿边开放中的竞争与合作

相邻的两个沿边地方政府需要先通过中央政府的介入协调，再进行自身内部协调，执行步骤繁琐，需要协调的各方利益众多，可能会耗费地方政府较多的人力与物力，因此将可能产生联合开放模式理论模型中所没有预计到的损失，从而在整体上加大边界效应的损失。综上所述，沿边地方政府在开放发展中寻求区域合作理论上可行，但是现实情况复杂，且各方面条件受限，因此，对于联合开放模式的选择地方政府需慎重决定，不能因为理论上适用就轻易下决策。

第三，平行开放模式和贯序开放模式是沿边地方政府在沿边开放发展中的更优选择。虽然根据前文的模型分析结论和沿边开放绩效数值模拟比较结果，联合模式的边界效应损失均小于平行开放模式和贯序开放模式，但是在沿边开放实践中联合开放模式的可行性较差，存在诸多不确定性因素，而平行开放模式和贯序开放模式所需要协调的利益主体较少，协调成本较低，实践中可操作性较强，因此，沿边地方政府对于这两种开放模式在实践中可做更多的考虑。对于究竟是选择平行开放模式还是选择贯序开放模式可以根据自身发展情况而定。当自身发展情况与面向东道国的发展情况相近时，平行开放模式是更优的选择，在该模式下沿边地方政府与东道国之间就开放政策协调一致后同时进行决策，发展情况相近，减少了沟通协调的成本，所需利益更为一致。当自身发展情况与东道国之间发展差异较大时，沿边地方政府可选择贯序开放模式。相比于平行开放模式，贯序开放模式不需要等待时间同时进行开放政策的决策，只需根据双边的情况选择先制定开放政策还是后制定开放政策。虽然在理论上贯序开放模式的边界效应损失较大，但是在现实情境中，中央政府会对沿边开放过程中先行先试的地方政府给予一定的优惠政策，这就有可能使得边界效应的损失得到弥补，为此，地方政府就有可能争取先进行沿边开放的实践活动，以获得中央政府给予的优惠。而且相比于广西，云南所面临的沿边东道国不止一个，涉及多个政策制定的博弈主体，相比于需要等待时间的平行开放模式，贯序开放模式更有利于云南的沿边开放发展，可以通过政策的补贴以弥补边界效应的损失。

第四,相比于过多的介入,中央政府适当地放权于地方政府有利于沿边地区更好的开放发展。通过前文所述可以知道,虽然由中央政府所主导的联合开放模式在理论上可以使得边界效应的损失最小,但是现实情境中可能存在中央政府与地方政府信息不对称的问题,这个问题在沿边地区可能更为严重。为了消除信息不对称,中央政府需要多方实地调研考察,还要与地方政府进行充分的沟通协调,保证地方政府的利益一致性。在此过程中需耗费较大的人力与物力,在政策执行上也需要层层审批,这就有可能错过制定开放政策的最佳时机。这样理论上边界效应损失最小却在实践中其他方面产生更大的损失,因此,中央政府过多介入地方沿边开放政策的制定决策之中并非最优选择。所以作为中央政府应该合理放权于地方政府,给予地方政府在沿边开放政策制定过程中更多的自主权,中央政府的角色更多应该是协调与支持,而不是亲自参与。通过合理放权于地方政府,给了地方政府充分的决策空间,地方政府在更了解自身发展的情况下,更有针对性地制定沿边开放政策,促进沿边地方区域和东道国的双边发展。对于放权于地方政府制定政策,使得边界效应所造成的损失可以通过中央政府给予的优惠政策进行弥补,地方在有充分自主权的情况下又得到了中央政府的大力支持,有利于沿边地区强化自身发展水平。因此,在沿边开放实践过程中,合理放权于沿边地方政府是沿边开放高质量发展的关键所在。

第 5 章　总结与展望

西南沿边地区是我国对外开放的重要门户，中国—东盟自由贸易区（CAFTA）建设将同处西南边陲的云南省和广西壮族自治区推到了对外开放，特别是对东盟开放的最前沿，给两省区的经济社会发展带来了巨大的促进作用。广西和云南在已有的沿边开发开放过程中具有许多共性，又存在显著不同；既存在区域竞争，也存在巨大的合作空间。本书立足于我国西南边疆地区经济开放的现实，对滇桂两省区沿边开放模式进行梳理，并对可能存在的省区合作机理进行新的诠释，力图丰富和发展区域开放和区域合作的理论内涵，并在实践层面上为沿边地区充分发挥地缘优势，合作培育开放新高地，实现跨越式发展提供政策支持[①]。

在上述思路下，本书完成了以下研究工作：

第一，总结国际经验。一是发展中国家与发展中国家之间边境地带开放模式演变的经验；二是发达国家与发展中国家之间边境地带开放模式演变的经验；三是发达国家与发达国家之间边境地带开放模式演变的经验。通过对国际

---

① 黄素心，郭瑞. 西南沿边地区开放绩效分析：基于边境贸易数据的实证研究［J］. 沿海企业与科技，2019（02）：48 – 50.

上不同类型国家之间边境地带开放模式演变的历史渊源、背景、政策及实效进行梳理，归纳总结出对我国沿边开放有益的启示。

第二，开展现状分析。基于滇桂两省区的横向和纵向比较，刻画不同开放类型、开放模式的功能与绩效，并基于边境贸易数据对滇桂开放绩效进行实证研究，充分展示西南沿边地区面向东盟开放的现实面貌与可能存在的问题。

第三，对地区间竞争合作机制进行理论推演和数值模拟。通过构建理论模型，基于"边界效应"的视角分析对比三种沿边开放政策协调机制（联合开放模式、平行开放模式和贯序开放模式）以及沿边开放模式的效果，并以广西、云南对越南开放的实际数据进行数值模拟，验证结论的稳健性，为西南沿边地区开放政策协调模式机制设计提供理论支持。

5.1 主要结论与建议

通过上述研究，本书得到以下主要结论与建议：

第一，西南沿边地区是我国深化与东盟国家经济合作，推进"一带一路"倡议向纵深方向发展的重点区域。纵观国际沿边地区开发开放的四种类型，共性经验值得我国借鉴学习。一是沿边开发开放的实施应以双边国家的政治互信作为前提；二是沿边开发开放的产业选择应高度契合双边资源禀赋；三是沿边开发开放应以基础设施改善和贸易投资便利化为重点；四是沿边开发开放需自上而下与自下而上共同发力。

第二，通过对滇桂沿边开放模式的比较以及对两省区沿边开放绩效的实证分析发现，以沿边贸易为代表的对外开放与西南沿边地区经济发展之间确实存在着长期的均衡关系，且随着"一带一路"倡议的不断深入推进将会对沿边地区经济增长产生越来越重要的影响。但是纵观滇桂沿边开放的历程和目前的进展,仍然存在两方面主要的制约因素:一是经济和产业基础仍然薄弱,制约了沿边开放的深度和广度;二是沿边发展政策"重开放,轻开发",区位优势没有转化为产业优势。

建议:一是重视调结构、促升级、努力延伸跨境合作的产业链条。云南与广西除了加强双方合作外,还须联合周边省市建设南(宁)贵(阳)昆(明)、大西南省市对东盟国家的商贸服务平台或相应合作机制;二是拓展边境贸易方式,促进单一边境贸易方式向综合边境经贸合作方式发展。加强与周边国家在跨境旅游、跨境劳务等优势领域及国际运输服务、国际结算等领域的合作。用沿边的投资合作带动沿边贸易的进一步发展,建立沿边经贸合作带。通过对外开放广度和深度的拓展,提升开放绩效,促进沿边地区经济社会发展[①]。

第三,在沿边开放发展实践中,各国中央政府以及沿边地区地方政府等多主体间的博弈不可避免,在竞争中合作,也在合作中竞争。滇桂两省区在中国—东盟合作中不仅面临核心角色的竞争,同时也因差异化发展具有巨大的合作空间。在"边界效应"视角下建立理论模型对三种沿边开放政策协调模式的效果进行研究,认为联合开放模式造成的边界效应损失最小,理论上是最优的开放模式选择,但在实践中操作难度很大。平行开放模式和贯序开放模式代表了中央政府充分放权地方政府,在实践中有较强的可操作性。以广西、云南对越南开放的实际数据进行数值模拟,较好地验证了理论模型结论的稳健性。

建议:由于经济体量相当,相邻东道国单一,广西对越南开放的过程中适

---

① 黄素心,郭瑞. 西南沿边地区开放绩效分析:基于边境贸易数据的实证研究[J]. 沿海企业与科技,2019(02):48-50.

合采取同时制定政策的"平行开放模式";而云南由于毗邻多个国家,可通过先行动而获得中央政府的关注和优惠政策,作为"贯序开放模式"中的先行者。在新一轮开放格局规划中,我国应进一步重视东中西部、沿海和内地、沿边与经济腹地的联动发展。在城镇化建设、交通基础设施完善、跨境网络构建、金融创新合作、加快与发达省市对接等方面,促进西南沿边地区境内外口岸、口岸城市、腹地区相互融合,空间资源优化配置,打造西南沿边开放升级版。

5.2 后续研究方向

本书研究不可避免地存在不足与遗憾,还有一些未能付诸实践的想法,这些都构成了后续研究的可能方向:

第一,在理论模型中,如何选择合适的参数反映博弈参与方的异质性,这一点虽在本书第4章有所涉及,但设置较为简单,还有进一步提升的巨大空间。在本书的模型当中,博弈模型所涉及的博弈主体为我国沿边省区的地方政府(例如广西、云南)以及对应的东道国中央政府(例如越南、缅甸、老挝等)。由于与我国西南接壤的国家经济体量较小,即便是越南也只相当于我国一个省的经济体量,因此在模型的构造过程中,我们将其作为一个与我国沿边省区地方政府对等的博弈主体进行分析。但是在具体实践中,地方政府和中央政府的财权事权还是有很大差异的。因此,在后续研究中可就这些问题继续进行重点细化,针对性的改进将使理论模型更加贴近现实。

第二,由于研究区域为沿边地区,相关数据资料比较缺乏,实地采集数据的统计口径常常出现年份、地域上的不一致,给预先计划中的实证分析带来了很大困难。如果今后条件允许，可尝试引入民族学、社会学领域"田野调查"的方法，适当增加可比较的小型试验场。对于切实掌握边境地区的一手资料和案例，应当有所助益。

希望在后续研究中通过我们的努力，上述问题能够得到进一步探讨，好的想法能够付诸实现。

附 录

附录1 广西对外经济贸易主要数据情况

表1-1 广西进出口总额（1978~2018年）

年份	按人民币计算（万元）			按美元计算（万美元）		
	进出口总额	出口总额	进口总额	进出口总额	出口总额	进口总额
1978	45783	42305	3478	26931	24885	2046
1980	57112	55234	1878	37823	36579	1244
1985	153619	109260	44359	52310	37205	15105
1990	429517	348906	80611	89797	72944	16853
1991	544732	443062	101670	102351	83248	19103
1992	903567	611189	292378	163850	110831	53019
1993	1197113	763413	433700	207760	132491	75269
1994	2119857	1380777	739080	245983	160222	85761
1995	2689369	1880944	808425	321111	224585	96526
1996	2349656	1590216	759440	283132	191620	91512

续表

年份	按人民币计算（万元）			按美元计算（万美元）		
	进出口总额	出口总额	进口总额	进出口总额	出口总额	进口总额
1997	2543484	1975177	568307	306821	238266	68555
1998	2469994	2001785	468209	298377	241817	56560
1999	1451332	1032287	419045	175322	124701	50621
2000	1686986	1236078	450908	203789	149319	54470
2001	1487461	1022629	464832	179715	123554	56161
2002	2011854	1248137	763717	243032	150775	92257
2003	2642161	1630853	1011308	319173	197007	122166
2004	3550058	1983071	1566987	428847	239554	189293
2005	4182696	2322127	1860569	518289	287741	230548
2006	5257761	2835001	2422761	667398	359863	307535
2007	6915250	3811510	3103740	927686	511317	416369
2008	9041850	5019577	4022274	1324179	735117	589062
2009	9699570	5715622	3983955	1420599	837110	583490
2010	11808365	6408922	5399443	1770609	960988	809621
2011	14818350	7912949	6905395	2333084	1245859	1087224
2012	18525688	9722669	8803012	2947369	1546841	1400527
2013	20020330	11398148	8622181	3283690	1869499	1414191
2014	24911476	14947146	9964330	4055305	2433004	1622301
2015	31903077	17398601	14504476	5126215	2802570	2323645
2016	31704215	15238340	16465875	4789694	2302934	2486760
2017	38663414	18552015	20111398	5721023	2745579	2975444
2018	41067094	21761434	19305660	6233834	3279902	2953932

资料来源：历年《广西统计年鉴》。

表 2-1 广西同主要国家和地区进出口总额（2017~2018年）

单位：万元

进出口原产地	2018年			2017年		
	进出口	出口	进口	进出口	出口	进口
总值	41067094	21761434	19305660	38663414	18552015	20111398
亚洲	29234203	17590952	11643251	26193376	14288082	11905294
中国香港	4093147	3609556	483591	2613109	2507672	105437

续表

进出口原产地	2018年			2017年		
	进出口	出口	进口	进出口	出口	进口
印度	279398	233402	45996	205741	162692	43048
印度尼西亚	673996	239123	434873	673120	258962	414158
日本	499083	254226	244857	492263	233303	258960
马来西亚	701948	259062	442885	485996	178652	307343
菲律宾	256607	81776	174831	434507	203482	231025
新加坡	439863	342707	97156	510569	403736	106833
韩国	481414	211798	269616	411783	182271	229512
泰国	913692	184504	729188	465258	214784	250474
越南	17493673	11421329	6072344	16262586	9300861	6961725
台澎金马关税区	1025188	163590	861598	1214296	130269	1084027
非洲	1351194	363670	987525	1259960	404699	855261
加蓬	98889	15643	83246	70368	3843	66525
南非	689670	51694	637977	613597	32280	581317
欧洲	1784001	1189643	594358	1704741	1146723	558018
比利时	69728	64371	5357	63125	58053	5073
英国	228668	187965	40704	203747	182348	21399
德国	298513	175641	122872	308489	179100	129389
法国	104662	58921	45741	104916	57457	47459
意大利	97383	66316	31067	90454	63639	26815
荷兰	203968	190308	13660	217257	212975	4282
西班牙	192117	74640	117477	198007	93637	104370
芬兰	22519	4211	18307	14603	4189	10415
瑞典	50604	37987	12618	31064	23405	7659
俄罗斯	87167	73609	13558	119162	61054	58108
拉丁美洲	3950692	400391	3550301	4299991	442593	3857398
北美洲	3385330	1944288	1441042	3690427	1901612	1788814
加拿大	903911	117766	786145	831819	96555	735264
美国	2481420	1826522	654898	2858608	1805058	1053550
大洋洲	1361050	272491	1088559	1514794	368307	1146487
澳大利亚	1266811	247894	1018917	1433025	340387	1092638
东南亚国家联盟	20614892	12598000	8016893	18938485	10624553	8313932
欧洲联盟	1493202	1053690	439512	1435802	1038834	396968

资料来源：历年《广西统计年鉴》。

表2-2 广西同主要国家和地区进出口总额(2015~2016年)

单位:万元

进出口原产地	2016年			2015年		
	进出口	出口	进	进出口	出口	进
总值	31704215	15238340	16465875	31928118	17455527	14472591
亚洲	23935265	12677403	11257862	24311040	15200510	9110530
中国香港	1959768	1945929	13839	2643819	2273079	370746
印度	128764	109391	19374	114173	91987	22186
印度尼西亚	302534	108376	194158	320931	91912	229018
日本	457148	230039	227109	411255	234063	177192
马来西亚	312767	115249	197518	418742	86494	332254
菲律宾	210579	96379	114199	360836	133711	227119
新加坡	322112	245047	77065	512485	441724	70767
韩国	257124	124680	132444	230737	112124	118620
泰国	1212949	145854	1067096	992278	157740	834537
越南	15892364	9161600	6730764	15346778	11161492	4185285
中国台湾	920547	103057	817490	864801	91283	773517
非洲	550707	208391	342316	581994	226851	355143
加蓬	10532	894	9638	19869	1750	18118
南非	283586	15419	268167	209019	14768	194251
欧洲	1208115	660909	547206	1274524	641905	632619
比利时	48688	37631	11057	42067	34418	7648
英国	106288	87400	18888	102619	84158	18467
德国	199690	115742	83948	281567	112547	169026
法国	54766	40986	13780	59643	38572	21071
意大利	62703	41914	20789	79369	50737	28626
荷兰	150681	126497	24183	128293	106450	21843
西班牙	144876	42161	102715	109358	42683	66675
芬兰	29261	2900	26361	36417	2217	34200
瑞典	26575	16234	10341	31964	17658	14313
俄罗斯	140790	30304	110486	97624	28651	68973
拉丁美洲	2549454	300868	2248586	2749845	212258	2537593
北美洲	2404848	1151329	1253519	2152871	985414	1167458
加拿大	551509	48590	502919	508138	60671	447467

续表

进出口原产地	2016年			2015年		
	进出口	出口	进口	进出口	出口	进口
美国	1853338	1102739	750600	1644734	924743	719991
大洋洲	1055807	239440	816367	857813	188596	669217
澳大利亚	1009829	224669	785161	819197	173617	645586
东南亚国家联盟	18354355	9919316	8435039	18070731	12117502	5953229
欧洲联盟	955946	603948	351999	1009455	568672	440784
亚太经济合作组织	27098760	13805962	13292798	26928587	16069571	10859016

资料来源：历年《广西统计年鉴》。

表2-3 广西同主要国家和地区进出口总额（2013~2014年）

单位：万元

进出口原产地	2014年			2013年		
	进出口	出口	进口	进出口	出口	进口
总值	24910924	14945456	9965468	20653425	11758588	8894837
亚洲	16830824	12835841	3994982	13221459	9622562	3598897
中国香港	1625072	1585801	39277	1108358	1029083	79275
印度	132132	112143	19995	177508	136537	40971
印度尼西亚	632702	334076	298626	643090	119133	523957
日本	379496	209592	169910	345254	205113	140141
马来西亚	319143	128299	190845	481269	118259	363010
菲律宾	252807	65937	186876	121146	44927	76225
新加坡	528883	432515	96368	415328	271558	143770
韩国	276352	140805	135547	243600	106629	136971
泰国	355441	94286	261155	309007	129832	179175
越南	10035935	9397624	638311	7986309	7191939	794370
中国台湾	844672	68781	775891	319617	48299	271319
非洲	1284711	232413	1052298	734643	231530	503113
加蓬	28238	1929	26303	50097	3365	46732
南非	236842	17335	219507	216152	21630	194528

续表

进出口原产地	2014 年			2013 年		
	进出口	出口	进口	进出口	出口	进口
欧洲	1186236	597897	588339	1573821	637109	936712
比利时	40020	28269	11751	49418	35983	13435
英国	86306	62749	23558	90163	71313	18850
德国	232769	97609	135166	462280	91635	370646
法国	83524	32379	51145	88534	29656	58878
意大利	85508	47226	38288	74816	50198	24618
荷兰	83837	76509	7328	87100	61828	25278
西班牙	70519	37649	32870	47632	34883	12749
芬兰	23785	5013	18772	34883	3925	30964
瑞典	24104	16291	7807	28385	13850	14535
俄罗斯	120804	64334	56471	181992	86483	95509
拉丁美洲	2623301	228629	2394672	1818164	296805	1521359
北美洲	2048888	919559	1129329	2166707	810623	1356091
加拿大	527126	56772	470354	608019	65319	542700
美国	1521762	862787	658975	1558688	745304	813390
大洋洲	936949	131118	805831	1138618	159966	978652
澳大利亚	903379	118255	785124	1121064	152255	968809
东南亚国家联盟	12215578	10487701	1727877	10009900	7914896	2095011
欧洲联盟	868942	484397	384552	1106767	469520	637247
亚太经济合作组织	19734451	13645683	6088768	16176027	10431706	5744320

资料来源：历年《广西统计年鉴》。

表 2-4 广西同主要国家和地区进出口总额（2011~2012 年）

单位：万元

进出口原产地	2012 年			2011 年		
	进出口	出口	进口	进出口	出口	进口
总值	18568719	9745253	8823460	15448516	8249455	7199054
亚洲	10623626	7598677	3024949	9244177	6273123	2971054

续表

进出口原产地	2012年			2011年		
	进出口	出口	进口	进出口	出口	进口
中国香港	1023117	989179	33945	858928	836150	22785
印度	154428	131918	22510	318633	147448	171186
印度尼西亚	700817	282830	417986	644166	218470	425696
日本	431002	222916	208080	636220	296133	340087
马来西亚	234496	87193	147303	199201	77756	121452
菲律宾	122455	50369	72086	98111	47271	50846
新加坡	152488	49594	102900	135549	72962	62586
韩国	232574	102774	129801	237997	147984	90013
泰国	191926	142281	49645	178595	106864	71731
越南	6128195	5211065	917131	5015521	3947195	1068326
中国台湾	284418	49097	235328	253458	83093	170365
非洲	940158	221253	718898	805188	213192	591995
加蓬	80326	2860	77466	58216	2774	55442
南非	323214	26763	296451	220814	19586	201227
欧洲	1653297	614228	1039069	1606912	694085	912833
比利时	39098	30625	8467	50562	38491	12071
英国	92233	70511	21723	85490	69903	15587
德国	386152	91559	294593	322202	96177	226025
法国	158718	33762	124950	86404	41894	44516
意大利	106944	59945	469987	125299	86060	39239
荷兰	96379	78436	17943	102402	95648	6761
西班牙	60349	35728	24621	69724	50363	19361
芬兰	35911	7919	27991	22440	5549	16891
瑞典	32332	13444	18881	39650	20401	19249
俄罗斯	185922	63807	122115	253935	60726	193209
拉丁美洲	2348022	262399	2085623	1739925	288406	1451519
北美洲	2172621	884282	1288345	1276367	619316	657051
加拿大	655456	59530	595926	227177	41967	185210
美国	1517171	824752	692412	1049190	577348	471841
大洋洲	830983	164414	666569	773451	161333	612118

续表

进出口原产地	2012年			2011年		
	进出口	出口	进口	进出口	出口	进口
澳大利亚	820601	154875	665719	764280	152347	611939
东南亚国家联盟	7590770	5882681	1708089	6328982	4519127	1809855
欧洲联盟	1184034	488800	695229	1041734	571601	470133
亚太经济合作组织	13349565	8401385	4948180	11059170	6789507	4269662

资料来源：历年《广西统计年鉴》。

表2-5 广西同主要国家和地区进出口总额（2009~2010年）

单位：万元

进出口原产地	2010年			2009年		
	进出口	出口	进口	进出口	出口	进口
总值	12089895	6561719	5528172	9712211	5723067	3989145
亚洲	7093717	4681319	2412398	5480561	3888705	1591856
中国香港	700635	676062	24574	548413	517328	31085
印度	544838	147154	397683	258349	92174	166175
印度尼西亚	340098	57507	282591	176793	48025	128769
日本	489819	256876	232943	348380	165609	182770
马来西亚	175696	82118	93578	185420	106523	78896
菲律宾	53486	40310	13176	36888	31540	5348
新加坡	163321	66808	96512	127234	83079	44156
韩国	181804	108016	73787	155382	89426	65956
泰国	197958	80128	117830	108298	64798	43500
越南	3501551	2785045	716507	2723741	2117716	606025
中国台湾	199135	71355	127780	126010	51571	74439
非洲	674183	249620	424563	437066	267689	169377
加蓬	79947	2803	77144	23310	994	22316
南非	182377	27649	154728	142732	29572	113160
欧洲	1175817	658198	517618	1106252	692701	413551
比利时	39772	30249	9522	44653	39003	5649

续表

进出口原产地	2010年			2009年		
	进出口	出口	进口	进出口	出口	进口
英国	79704	66332	13372	97540	85602	11938
德国	219295	98340	120956	229065	123837	105228
法国	47104	35516	11587	70894	43057	27837
意大利	110160	85839	24321	95485	83592	11893
荷兰	94230	88300	5930	98141	90734	7407
西班牙	89009	58212	30797	84290	70317	13972
芬兰	11305	5022	6283	22595	4438	18156
瑞典	20615	14772	5842	24367	15599	8768
俄罗斯	47606	41690	5915	50796	33738	17058
拉丁美洲	1173343	233888	939455	1050913	180321	870592
北美洲	1096101	594150	501951	964369	597845	366524
加拿大	54561	42929	11632	89110	40961	48150
美国	1041540	551221	490319	875259	556883	318376
大洋洲	876167	144545	731623	673051	95807	577244
澳大利亚	869150	137935	731215	665523	89181	576341
东南亚国家联盟	4455738	3132974	1322764	3382615	2473031	909584
欧洲联盟	814583	553144	261440	848669	613914	234755
亚太经济合作组织	8369051	5081952	3287098	6446536	4056480	2390056

资料来源：历年《广西统计年鉴》。

表2-6 广西同主要国家和地区进出口总额（2007~2008年）

单位：万元

进出口原产地	2008年			2007年		
	进出口	出口	进口	进出口	出口	进口
总值	9665976	5366063	4299913	7242723	3992005	3250718
亚洲	5314794	3437915	1876878	4107093	2482175	1624918
中国香港	407750	375505	32245	366389	326166	40231

续表

进出口原产地	2008 年			2007 年		
	进出口	出口	进口	进出口	出口	进口
印度	507875	129061	378813	277323	77206	200117
印度尼西亚	211439	64594	146845	95811	50248	45563
日本	561927	370185	191742	469781	296240	173541
马来西亚	111881	56837	55044	73248	37452	35796
菲律宾	63292	52917	10375	30964	20525	10438
新加坡	105320	59936	45384	103166	68314	34844
韩国	220973	162086	58887	202834	97505	105328
泰国	115464	80374	35090	90479	58328	32150
越南	2281175	1655492	625683	1855967	1111557	744410
中国台湾	179597	112365	67232	166397	122824	43573
非洲	560931	289517	271414	243525	156466	87059
加蓬	159006	2590	156417	46836	101	46695
南非	141576	29704	111872	61295	29637	31666
欧洲	1230107	825017	405090	972907	657492	315415
比利时	40447	27386	13060	39552	27708	11844
英国	114126	74394	39733	74458	50537	23922
德国	247186	111600	135586	133817	77714	56103
法国	58534	34769	23766	47226	31143	16083
意大利	127526	111064	16462	121669	96670	24999
荷兰	153309	147412	5897	101198	92852	8346
西班牙	118429	113690	4739	105000	103236	1757
芬兰	20636	6531	14105	26693	4895	21798
瑞典	32201	16037	16163	33478	17512	15966
俄罗斯	75974	73079	2894	127173	51997	75176
拉丁美洲	1300818	158287	1142532	854735	134574	720153
北美洲	738985	530112	208874	685411	464089	221321
加拿大	52964	32050	20913	71015	33556	37459
美国	686022	498061	187960	614395	430534	183862
大洋洲	520342	125217	395126	379724	97209	282515

续表

进出口原产地	2008年			2007年		
	进出口	出口	进口	进出口	出口	进口
澳大利亚	508423	114329	394094	372361	92680	279673
东南亚国家联盟	2906755	1984973	921781	2270722	1353919	916803
欧洲联盟	1009267	710438	298828	791512	570456	221056
亚太经济合作组织	5828913	3776558	2052356	4830650	2855356	1975294

资料来源：历年《广西统计年鉴》。

表2-7　广西同主要国家和地区进出口总额（2005～2006年）

单位：万元

进出口原产地	2006年			2005年		
	进出口	出口	进口	进出口	出口	进口
总值	5386035	2904166	2481869	4289619	2381488	1908131
亚洲	2921864	1739653	1182212	2201938	1434706	767232
中国香港	337334	305183	32152	277205	250182	27023
印度	191772	63932	127840	159563	34819	124743
印度尼西亚	75166	49511	25655	53400	44999	8401
日本	430456	265445	165011	357967	232040	125927
马来西亚	40391	22839	17553	34985	25848	9137
菲律宾	39383	15632	23751	12406	11885	521
新加坡	62891	55216	7675	45570	33727	11844
韩国	169184	85254	83930	161309	79173	82136
泰国	65934	41513	24420	44511	33321	11190
越南	1183785	605055	578730	817230	532907	34353
中国台湾	128591	89394	39197	120158	62943	57215
非洲	161565	108028	53538	141354	70027	71327
加蓬	17771	81	17690	51323	8	51314
南非	42038	11379	30659	20857	4974	15883
欧洲	824629	526750	297879	699224	458593	240631
比利时	42086	24469	17617	32833	24904	7929

续表

进出口原产地	2006年			2005年		
	进出口	出口	进口	进出口	出口	进口
英国	56814	39471	17343	50536	35672	14865
德国	193499	60906	132593	167136	59376	107760
法国	36058	30239	5819	35746	28248	7499
意大利	100401	87497	12904	84544	78337	6207
荷兰	79677	77401	2276	87847	81863	5984
西班牙	107745	103944	3801	67164	60361	6803
芬兰	7562	2954	4608	7705	2971	4734
瑞典	28181	10943	17238	7705	2971	4734
俄罗斯	51633	13372	38261	36268	10073	26195
拉丁美洲	620582	91661	528921	441783	60269	381514
北美洲	500772	349060	151712	511488	289289	222199
加拿大	29037	20708	8328	70267	17621	52647
美国	471752	328352	143383	441220	271668	169552
大洋洲	356622	89014	267608	293832	68604	225228
澳大利亚	350061	84406	265663	287104	64979	222125
东南亚国家联盟	1474175	794705	679470	1013068	687438	325631
欧洲联盟	712744	480766	231978	630231	427713	202518
亚太经济合作组织	3525548	2020544	1505004	2813654	1691725	1121929

资料来源：历年《广西统计年鉴》。

表2-8　广西同主要国家和地区进出口总额（2003~2004年）

单位：万元

进出口原产地	2004年			2003年		
	进出口	出口	进口	进出口	出口	进口
总值	3549438	1982717	1566721	2641795	1630627	1011168
亚洲	1897491	1224215	673268	1464814	1022673	442141
中国香港	261229	236416	24814	244974	228362	16612
印度	130044	27619	102424	36651	17903	18747

续表

进出口原产地	2004年			2003年		
	进出口	出口	进口	进出口	出口	进口
印度尼西亚	54254	40341	13913	27587	22969	4619
日本	298905	210443	88461	238676	149565	89110
马来西亚	64103	37485	26618	41112	20287	20825
菲律宾	10371	8070	2301	7424	7201	223
新加坡	18904	15237	3667	14783	12258	2524
韩国	153210	71676	81534	75321	46492	28829
泰国	53658	45514	8144	38372	27000	11373
越南	622838	376068	246770	550876	364320	186555
中国台湾	125723	71320	54403	107253	58800	48454
非洲	119656	55007	64649	69932	40243	29690
加蓬	49975	1068	48907	17613	8	17605
南非	19914	5049	14865	15552	4047	11505
欧洲	548861	357065	191796	486158	319724	166434
比利时	21942	16363	5578	25253	14145	11108
英国	46374	31874	14501	40036	30691	9345
德国	115667	40647	75020	119876	51797	68078
法国	33214	24946	8268	41062	26462	14601
意大利	61984	50107	11877	51706	37859	13847
荷兰	84687	82138	2549	72507	70189	2318
俄罗斯	40241	7838	32403	6473	3634	2839
拉丁美洲	297059	48584	248475	207529	35368	172162
北美洲	477913	249642	228271	332355	190851	141504
加拿大	65982	16942	49039	29118	9817	19302
美国	411923	232699	179224	303236	181035	122202
大洋洲	208200	48204	159989	80949	21769	59181
澳大利亚	201132	45406	155726	77878	19509	58369
东南亚国家联盟	828580	526564	302017	683837	457180	226657
欧洲联盟	480926	331474	149452	449251	292791	156460
亚太经济合作组织	2423691	1432837	990853	1797218	1163796	633422

资料来源：历年《广西统计年鉴》。

表3-1 广西主要进口商品数量及金额（2017~2018年） 单位：万元

商品名称	2017年		2018年	
	数量	金额	数量	金额
鲜、干水果及坚果（吨）	770898	304794	944010	621893
大豆（万吨）	9836515	2753318	7326381	2095761
食用植物油（万吨）	252222	111246	71094	32429
天然橡胶（包括胶乳）（吨）	10990	11752	4906	3636
合成橡胶（包括胶乳）（吨）	3358	4986	188	354
原木（吨）	131992	18076	170984	18895
锯材（吨）	29137	11120	18499	7116
纸浆（吨）	435026	175123	542204	265675
纺织用合成纤维（吨）	337	584	300	510.8
铁矿砂及其精矿（万吨）	2002	1039096	2128	1048806
锰矿砂及其精矿（万吨）	2335171	274978	2209033	304859
煤及褐煤（万吨）	11583275	813587	9690564	704967
成品油（万吨）	36315	20114	45608	22820
医药品（吨）	11	1997	244	7373
初级形状的塑料（吨）	38076	41325	67198	65463
牛皮革及马皮革（吨）	54619	60554	43158	48332
棉纱线（吨）	5585	6291	7373	7541
合成纤维纱线（吨）	73	351	272	952
合成纤维长丝机织物（万米）	89	1813	213	2471
针织或钩编织物	—	3618	—	26649
原油（吨）	2860527	762984	683405	248880
钢材（吨）	8507	9142	7114	8126
未锻轧的铜及铜材（吨）	14837	61605	8252	36387
未锻轧的铝及铝材（吨）	52	266	71	353
液泵及液体提升机（台）	7088	2925	7518	4870
活塞式内燃机的零件（吨）	221	1906	1316	11578
空气调节器（台）	—	—	—	—
机械提升搬运装卸设备及零件	—	13336	—	7970
建筑及采矿用机械及零件	—	11496	—	22700
食品、饮料工业用加工机械及零件	—	416	—	882

续表

商品名称	2017年		2018年	
	数量	金额	数量	金额
制造纸及纸制品用机械及零件	—	3074	—	691
印刷、装订机械及零件	—	51968	—	68664
纺织机械及零件	—	13807	—	2564
金属加工机床（台）	178	43031	118	14421
橡胶或塑料加工机械及零件	—	8348	—	1088
阀门（万套）	10	8262	10	14968
自动数据处理设备及其部件（万台）	596	212206	1146	503688
电话机（万台）	3	1085	0	0.1
通断及保护电路装置及零件	—	112618	—	87737
电线和电缆（吨）	3978	126720	3492	51710
汽车（包括整套散件）（辆）	114	2762	379	15110
汽车零配件	—	—	—	6285
机电产品（包括本目录具体列名的机电产品）	—	3536320	—	3794441
高新技术产品（包括本目录已具体列名的机电产品）	—	2245587	—	2870905

资料来源：历年《广西统计年鉴》。

表3-2　广西主要进口商品数量及金额（2015~2016年）　　单位：万元

商品名称	2015年		2016年	
	数量	金额	数量	金额
鲜、干水果及坚果（吨）	928667	359310	763474	275114
大豆（万吨）	601	1583832	624	1683970
食用植物油（万吨）	9	36554	2	9564
天然橡胶（包括胶乳）（吨）	14132	12027	10093	7747
合成橡胶（包括胶乳）（吨）	554	1109	13246	12568
原木（吨）	7678	6795	84820	8413
锯材（吨）	26098	7842	35079	11488
纸浆（吨）	210165	77637	381165	129564
纺织用合成纤维（吨）	566	978	561	996
铁矿砂及其精矿（万吨）	1640	615976	1622	627751

续表

商品名称	2015年		2016年	
	数量	金额	数量	金额
锰矿砂及其精矿（万吨）	132	98951	226	175137
煤及褐煤（万吨）	1013	438504	1007	564588
成品油（万吨）	6	22902	4	13799
医药品（吨）	92	4709	18	2499
初级形状的塑料（吨）	30207	32238	28129	31544
牛皮革及马皮革（吨）	43658	63580	49458	54778
棉纱线（吨）	1275	4304	2998	4719
合成纤维纱线（吨）	257	1140	101	520
合成纤维长丝机织物（万米）	459	4678	401	4380
针织或钩编织物	—	7505	—	7918
原油（吨）	4214851	1040672	4645421	912956
钢材（吨）	19066	11292	12549	8225
未锻轧的铜及铜材（吨）	692	2504	75	469
未锻轧的铝及铝材（吨）	350	803	148	487
液泵及液体提升机（台）	51701	10059	20013	2802
活塞式内燃机的零件（吨）	25	1588	52	620
空气调节器（台）	1	6	1	1
机械提升搬运装卸设备及零件	—	8159	—	5469
建筑及采矿用机械及零件	—	3176	—	5565
食品、饮料工业用加工机械及零件	—	199	—	783
制造纸及纸制品用机械及零件	—	19894	—	6341
印刷、装订机械及零件	—	30183	—	81893
纺织机械及零件	—	1974	—	3656
金属加工机床（台）	270	82364	117	36580
橡胶或塑料加工机械及零件	—	3662	—	8153
阀门（万套）	5	4696	8	6312
自动数据处理设备及其部件（万台）	25503	833198	2990	990461
电话机（万台）	3421220	41581	131	12527
通断及保护电路装置及零件	—	44957	—	75474
电线和电缆（吨）	3741	87621	3070	91991

续表

商品名称	2015 年		2016 年	
	数量	金额	数量	金额
汽车（包括整套散件）（辆）	417	9037	865	21987
汽车零配件	—	6521	—	—
机电产品（包括本目录具体列名的机电产品）	—	3298318	—	3349290
高新技术产品（包括本目录已具体列名的机电产品）	—	2486278	—	2494820

资料来源：历年《广西统计年鉴》。

表3-3　广西主要进口商品数量及金额（2013~2014年）　单位：万元

商品名称	2013 年		2014 年	
	数量	金额	数量	金额
鲜、干水果及坚果（吨）	625438	201113	663662	210465
大豆（万吨）	416	1563934	503	1754150
食用植物油（万吨）	1.24	6554	1.45	6450
天然橡胶（包括胶乳）（吨）	11596	17152	12935	14485
合成橡胶（包括胶乳）（吨）	678	1176	704	1198
原木（立方米）	38228	62450	24500	43491
锯材（立方米）	14978	3717	11700	4423
纸浆（吨）	146475	60104	177311	71729
纺织用合成纤维（吨）	578	1069	815	1444
铁矿砂及其精矿（万吨）	1166	851732	1333	790081
锰矿砂及其精矿（万吨）	254	312227	226	232941
煤（万吨）	1560	897553	1154	554676
成品油（万吨）	54	323102	9	51022
医药品（吨）	10	1271	174	7421
初级形状的塑料（吨）	17028	27096	20398	30038
牛皮革及马皮革（吨）	45104	55588	60900	83020
棉纱线（吨）	1046	3673	518	2046
合成纤维纱线（吨）	628	2661	355	1597
合成纤维长丝机织物（万米）	1402	8925	990	8305
针织或钩编织物	—	4636	—	5547
原油（吨）	1326365	662790	2567056	1233001

续表

商品名称	2013年 数量	2013年 金额	2014年 数量	2014年 金额
钢材（吨）	16552	14007	17040	12150
未锻造的铜及铜材（吨）	22034	101359	22328	102947
未锻造的铝及铝材（吨）	5965	8177	5217	7218
液泵及液体提升机（台）	15487	14737	61450	12494
活塞式内燃机的零件（吨）	314	7824	275	3809
空气调节器（台）	—	—	16	141
机械提升搬运装卸设备及零件	—	10667	—	14749
建筑及采矿用机械及零件	—	5988	—	4478
食品加工机械及零件	—	509	—	829
制造纸及纸制品用机械及零件	—	11108	—	3121
印刷、装订机械及零件	—	16775	—	23994
纺织机械及零件	—	4422	—	2684
金属加工机床（台）	306	115208	213	70624
橡胶或塑料加工机械及零件	—	2547	—	3078
阀门（万套）	99	24756	77	11555
自动数据处理设备及其部件（千台）	1807	49104	6467	201164
电话机（台）	6	4	264	18
通断及保护电路装置及零件	—	35059	—	46169
电线和电缆（吨）	2529	29631	2501	40383
汽车（辆）	14	164	231	5639
汽车零件	—	5818	—	6812
机电产品（包括本目录具体列名的机电产品）	—	1248059	—	1991379
高新技术产品（包括本目录已具体列名的机电产品）	—	763192	—	1090845

资料来源：历年《广西统计年鉴》。

表3-4　广西主要进口商品数量及金额（2011~2012年）　　单位：万元

商品名称	2011年 数量	2011年 金额	2012年 数量	2012年 金额
鲜、干水果及坚果（吨）	563882	160340	520514	158466
大豆（万吨）	329	1255046	480	1836441

续表

商品名称	2011 年		2012 年	
	数量	金额	数量	金额
食用植物油（万吨）	8	56263	10	58685
天然橡胶（包括胶乳）（吨）	6294	15176	25083	41492
合成橡胶（包括胶乳）（吨）	492	1146	876	1859
原木（立方米）	11710	12859	7763	8940
锯材（立方米）	11578	2397	1359	517
纸浆（吨）	24137	12813	97391	37952
纺织用合成纤维（吨）	712	1311	1022	2085
铁矿砂及其精矿（万吨）	954	1042310	1287	1071590
锰矿砂及其精矿（万吨）	260	351151	247	284557
煤（万吨）	1517	896743	1583	965837
成品油（万吨）	1.5	12243	9	54162
医药品（吨）	9	1622	15	2867
初级形状的塑料（吨）	16790	28419	17683	27336
牛皮革及马皮革（吨）	63237	54912	63915	59738
棉纱线（吨）	1126	3543	620	1714
合成纤维纱线（吨）	1047	4609	419	1632
合成纤维长丝机织物（万米）	45	530	360	3276
针织或钩编织物	—	3980	—	3056
钻石（千克）	1	305	1108847	599114
钢材（吨）	20760	18818	15060	12380
未锻造的铜及铜材（吨）	9847	58700	7361	36509
未锻造的铝及铝材（吨）	130	318	6091	8159
液泵及液体提升机（台）	45373	22295	25420	12695
活塞式内燃机的零件（吨）	586	15176	613	22441
空气调节器（台）	1	232	4	170
机械提升搬运装卸设备及零件	—	14508	—	29831
建筑及采矿用机械及零件	—	45046	—	9708
食品加工机械及零件	—	2437	—	1418
制造纸及纸制品用机械及零件	—	84954	—	58490
印刷、装订机械及零件	—	11005	—	11384

续表

商品名称	2011年		2012年	
	数量	金额	数量	金额
纺织机械及零件	—	609	—	995
金属加工机床（台）	253	77174	214	55183
橡胶或塑料加工机械及零件	—	4337	—	6458
阀门（万套）	62	55627	79	40157
自动数据处理设备及其部件（千台）	90	32445	2132	89600
电话机（台）	3	66	8	139
通断及保护电路装置及零件	—	16064	—	31879
电线和电缆（吨）	1198	22401	2974	32320
汽车（辆）	3	179	17	290
汽车零件	—	3946	—	5777
机电产品（包括本目录具体列名的机电产品）	—	1087270	—	1368073
高技术产品（包括本目录已具体列名的机电产品）	—	448487	—	703116

资料来源：历年《广西统计年鉴》。

表3-5　广西主要进口商品数量及金额（2009～2010年）　单位：万元

商品名称	2009年		2010年	
	数量	金额	数量	金额
鲜、干水果及坚果（吨）	476447	161243	562499	164496
大豆（万吨）	292	888009	288	923709
食用植物油（万吨）	11	51798	12	67877
天然橡胶（包括胶乳）（吨）	7347	8082	6535	12456
合成橡胶（包括胶乳）（吨）	457	898	415	860
原木（立方米）	8233	7018	8478	7402
锯材（立方米）	811	254	3680	987
纸浆（吨）	25425	9640	18303	10470
纺织用合成纤维（吨）	789	1373	677	1179
铁矿砂及其精矿（万吨）	1098	634101	1256	1165904
锰矿砂及其精矿（万吨）	216	267652	214	353907
煤（万吨）	1138	574753	1247	741174
成品油（万吨）	11	41825	21	114791

续表

商品名称	2009年 数量	2009年 金额	2010年 数量	2010年 金额
医药品（吨）	7	1116	9	1357
初级形状的塑料（吨）	22610	24704	16812	25691
牛皮革及马皮革（吨）	45794	24940	54933	45297
棉纱线（吨）	1484	4488	1313	3773
合成纤维纱线（吨）	1091	2777	721	2468
合成纤维长丝机织物（万米）	34	362	38	572
针织或钩编织物	—	736	—	2136
钻石（千克）	1	342	1	378
钢材（吨）	4332	3829	16388	14858
未锻造的铜及铜材（吨）	9190	32858	8145	42406
未锻造的铝及铝材（吨）	22163	24648	2641	4216
液泵及液体提升机（台）	89207	14145	46636	12536
活塞式内燃机的零件（吨）	451	21259	615	23584
空气调节器（台）	19	457	7	275
机械提升搬运装卸设备及零件	—	4789	—	12441
建筑及采矿用机械及零件	—	27197	—	31307
食品加工机械及零件	—	5025	—	874
制造纸及纸制品用机械及零件	—	13901	—	24670
印刷、装订机械及零件	—	6904	—	6425
纺织机械及零件	—	515	—	1407
金属加工机床（台）	96	17819	264	43591
橡胶或塑料加工机械及零件	—	2811	—	4431
阀门（万套）	27	14309	29	31505
自动数据处理设备及其部件（千台）	35	3828	1	4431
电话机（台）	1105155	31670	655458	7886
通断及保护电路装置及零件	—	2679	—	6343
电线和电缆（吨）	551	11657	933	18563
汽车（辆）	95	1622	6	94
汽车零件	—	7384	—	5640
机电产品（包括本目录具体列名的机电产品）	—	514872	—	682573
高技术产品（包括本目录已具体列名的机电产品）	—	199181	—	290647

资料来源：历年《广西统计年鉴》。

表3-6 广西主要进口商品数量及金额（2007~2008年） 单位：万元

商品名称	2007年		2008年	
	数量	金额	数量	金额
香蕉（吨）	12882	1358	22996	1896
大豆（万吨）	222	666501	252	1098604
食用植物油（万吨）	9	50396	8	61044
天然橡胶（包括胶乳）（万吨）	1	18222	1	19629
合成橡胶（包括胶乳）（吨）	519	1077	481	1024
原木（万立方米）	9	95967	2	25461
锯材（立方米）	15075	9548	—	3077
纸浆（万吨）	2	11008	1	7275
纺织用合成纤维（万吨）	—	3170	—	1710
铁矿砂（万吨）	564	377897	614	641065
锰矿砂（万吨）	109	144903	140	494643
煤（万吨）	1358	376772	899	385704
成品油（万吨）	7	27263	7	31615
医药品（吨）	33	2444	47	2789
初级形状的塑料（万吨）	1	15576	2	22532
牛皮革及马皮革（吨）	66792	33891	69058	39314
棉纱线	2272	5309	2507	5920
合成纤维纱线（吨）	1145	3029	1378	3131
合成纤维长丝机织物（万米）	61	812	32	445
针织或钩编织物（吨）	7054	1351	—	1174
钻石（千克）	9	539	2	628
钢材（万吨）	—	3958	1	9256
未锻造的铜及铜材（吨）	8054	46001	4624	25227
未锻造的铝及铝材（吨）	214	1476	115	786
液泵及液体提升机（台）	37277	10516	146664	27503
活塞式内燃机的零件（吨）	106	6098	329	14701
空气调节器（台）	6	1351	15	212
机械提升搬运装卸设备及零件	—	5699	—	11029
建筑及采矿机械	—	17590	—	18156

续表

商品名称	2007年		2008年	
	数量	金额	数量	金额
食品加工机械	—	1874	—	3816
制造纸及纸制品用机械	—	22946	—	15612
印刷、装订机械	—	9509	—	1739
纺织机械	—	3209	—	1066
金属加工机床（台）	106	6761	225	66605
橡胶或塑料加工机械	—	13116	—	3497
阀门（万套）	26	14974	25	18775
自动数据处理设备及其部件（万台）	165	24242	19	5916
通断及保护电路装置及零件	—	3958	—	8970
电线和电缆（吨）	46	945	244	6619
汽车和汽车底盘（辆）	111	7237	169	3405
汽车零件	—	13140	—	4192
机电产品（包括本目录具体列名的机电产品）	—	513033	—	640788
高技术产品（包括本目录已具体列名的机电产品）	—	172541	—	225060

资料来源：历年《广西统计年鉴》。

表3-7 广西主要进口商品数量及金额（2005～2006年） 单位：万元

商品名称	2005年		2006年	
	数量	金额	数量	金额
香蕉（吨）	26852	1639	31518	2348
大豆（万吨）	184	442842	255	545473
食用植物油（万吨）	5	19880	6	20861
其他植物油（万吨）	—	687	—	40
天然橡胶（包括胶乳）（万吨）	1	9452	4	44830
合成橡胶（包括胶乳）（吨）	1055	1879	443	904
原木（万立方米）	1	5984	2	13663

续表

商品名称	2005 年		2006 年	
	数量	金额	数量	金额
锯材（立方米）	3264	1664	9845	3147
纸浆（万吨）	2	8707	2	11129
纺织用合成纤维（万吨）	—	2301	—	2050
铁矿砂（万吨）	508	271701	622	309105
锰矿砂（万吨）	73	104292	87	78467
煤（万吨）	266	107686	905	204870
成品油（万吨）	3	6323	2	4689
医药品（吨）	10	1250	12	1808
初级形状的塑料（万吨）	2	14517	1	10733
牛皮革及马皮革（吨）	35881	21593	37139	20571
棉纱线	2477	3658	1787	3527
合成纤维纱线（吨）	598	1258	898	1638
合成纤维长丝机织物（万米）	104	1349	117	1420
针织或钩编织物（吨）	10055	2508	9319	2591
钻石（千克）	75	5785	50	6448
钢材（万吨）	1	6621	1	5496
未锻造的铜及铜材（吨）	2821	2367	1482	5835
未锻造的铝及铝材（吨）	2181	3882	204	1267
液泵及液体提升机（台）	51212	7846	57137	9942
活塞式内燃机的零件（吨）	1213	15220	106	8361
空气调节器（台）	457	116	952	81
机械提升搬运装卸设备及零件	—	14078	—	15923
建筑及采矿机械		15560		23678
食品加工机械	—	2309		1130
制造纸及纸制品用机械		4751		5149
印刷、装订机械		5611		15301

续表

商品名称	2005年		2006年	
	数量	金额	数量	金额
纺织机械	—	2516	252	3293
金属加工机床（台）	435	21809	—	64037
橡胶或塑料加工机械	—	2019	18	3914
阀门（万套）	10	9642	1121916	12840
自动数据处理设备及其部件（万台）	123	7623	91	8030
有线电话电报设备的零附件（吨）	46	11579	—	16649
通断及保护电路装置及零件	—	5769	105	4277
电线和电缆（吨）	142	1846	124	1436
汽车和汽车底盘（辆）	274	10710	—	11565
汽车零件	—	29241	—	16713
机电产品（包括本目录具体列名的机电产品）	—	423815	—	472728
高技术产品（包括本目录已具体列名的机电产品）	—	115110	—	190981

资料来源：历年《广西统计年鉴》。

表3-8　广西主要进口商品数量及金额（2003~2004年）　　单位：万元

商品名称	2003年		2004年	
	数量	金额	数量	金额
香蕉（吨）	78146	3129	64442	3013
食用植物油（万吨）	8	29383	12	52003
其他植物油（万吨）	1	4122	1	3360
天然橡胶（包括胶乳）（万吨）	2	16753	1	4734
合成橡胶（包括胶乳）（吨）	636	993	1112	1970
原木（万立方米）	1	2897	1	4958
锯材（立方米）	6123	563	7554	1490
纸浆（万吨）)	1	4552	1	5355
纺织用合成纤维（万吨）	—	1051	—	1779
铁矿砂（万吨）	188	5263	414	199700
锰矿砂（万吨）	62	41402	83	98890
异氰酸酯（吨）	2386	3509	1667	2524

续表

商品名称	2003年		2004年	
	数量	金额	数量	金额
医药品（吨）	5	770	13	1291
初级形状的塑料（万吨）	1	8749	1	11786
牛皮革及马皮革（吨）	34509	20063	36043	23978
合成纤维纱线（吨）	215	439	623	1366
合成纤维长丝机织物（万米）	214	2524	103	1291
针织或钩编织物（吨）	96	356	2327	737
钻石（千克）	101	10379	128	8401
钢材（万吨）	1	4941	1	3973
未锻造的铜及铜材（吨）	1415	2392	1120	1763
液泵及液体提升机（台）	6989	2144	6087	4618
活塞式内燃机的零件（吨）	7083	6795	1749	4254
空气调节器（台）	1	1	10	99
机械提升搬运装卸设备及零件	—	13152	—	6961
建筑及采矿机械	—	16645	—	8451
食品加工机械	—	3005	—	877
制造纸及纸制品用机械	—	21404	—	10876
印刷、装订机械	—	7367	—	3493
纺织机械	—	1002	—	7449
金属加工机床（台）	290	19782	203	26626
橡胶或塑料加工机械	—	1308	—	1192
阀门（万套）	3	2955	6	5670
自动数据处理设备及其部件（台）	16621	4072	185131	10983
有线电话电报设备的零附件（吨）	51	15031	48	14112
通断及保护电路装置及零件（万个）	—	4139	—	2996
电线和电缆（吨）	36	356	29	223
汽车和汽车底盘（辆）	883	7888	11501	44578
汽车零件	—	8368	—	7416
医疗仪器及器械	—	296	—	6174
计量检测分析自控仪器及器具	—	7549	—	11231

资料来源：历年《广西统计年鉴》。

表4-1 广西主要出口商品数量及金额（2017~2018年）　　单位：万元

商品名称	2017年 数量	2017年 金额	2018年 数量	2018年 金额
活猪（种猪除外）（万头）	243	4545	341	5284
活家禽（万只）	6	102	—	—
猪肉（吨）	15	44	645	2034
水海产品（吨）	48844	186114	38359	125057
粮食（吨）	124652	121376	130795	136735
谷物及谷物粉（吨）	939	2092	1102	2776
蔬菜（吨）	500312	470961	486920	464216
鲜、干水果及坚果（吨）	276000	247337	241672	232684
食用油籽（吨）	10407	11185	43751	46877
茶叶（吨）	1329	10107	1151	8306
蘑菇罐头（吨）	—	—	24	226
肥料（吨）	99531	16868	81147	14733
中药材及中式成药（吨）	9574	71685	3227	18151
生丝（吨）	831	29964	1353	57375
黏土及其他耐火矿物（吨）	99804	1399	82276	1391
天然硫酸钡（重晶石）（吨）	279365	16284	198053	12235
滑石（吨）	146271	32144	160632	33287
氧化锌及过氧化锌（吨）	405	319	126	54
锌钡白（立德粉）（吨）	2866	4552	931	297
医药品（吨）	2643	78676	2719	79159
烟花、爆竹（吨）	18411	30979	22539	37139
松香及树脂酸（吨）	2254	2764	1876	2153
家用或装饰用木制品（吨）	5848	9913	6276	14825
纸及纸板（未切成形的）（吨）	196775	162413	176240	175717
纺织纱线、织物及制品	—	1980860	—	1809319
水泥及水泥熟料（吨）	62100	1986	1746	172

续表

商品名称	2017 年		2018 年	
	数量	金额	数量	金额
平板玻璃（万平方米）	47	270	50	157
家用陶瓷器皿（吨）	133364	356995	118443	386371
珍珠、钻石、宝石及半宝石	—	157	—	121.2
钢材（吨）	181134	126122	173382	148711
未锻轧的铜及铜材（吨）	8302	39754	30488	138254
未锻轧的铝及铝材（吨）	106874	190220	131859	248297
液化石油气及其他烃类气（吨）	—	—	—	—
磷酸及多磷酸（吨）	—	—	—	—
未锻轧的锰（吨）	42390	53721	32947	46588
手用或机用工具（吨）	18856	119047	17225	114622
电扇（万台）	438485	63340	463446	78926
金属加工机床（台）	39312	43732	43637	50466
自动数据处理设备及其部件（万台）	3345	890853	3269	1729042
轴承（万套）	2400	19279	1805	15296
原电池（万个）	11349	6844	2599	2730
蓄电池（万个）	2628	95081	4253	153478
扬声器（万个）	4391	121347	3181	112321
电容器（吨）	986	10831	1098	175073
电线和电缆（吨）	38460	179446	43647	210651
汽车（包括整套散件）（辆）	22200	211710	86520	116491
汽车零件	—	—	—	208608
摩托车（辆）	211586	38501	140134	27013
船舶（艘）	12	228	12	1231
家具及其零件	—	96685	—	154527
灯具、照明装置及类似品	—	381785	—	597784
箱包及类似容器	—	257337	—	355588

续表

商品名称	2017年		2018年	
	数量	金额	数量	金额
服装及衣着附件	—	1849823	—	2725443
鞋类（吨）	—	612425		752110
塑料制品（吨）	64685	278292	80510	364356
贵金属或包贵金属的首饰	—	1502	—	375870
圣诞用品（吨）	12066	149467	13372	123087
竹编结品（吨）	1284	5068	783	3291
藤编结品（吨）	3254	6370	2922	9685
草编结品（吨）	1945	6158	1582	5301
手表（万只）	2497	59876	2186	27320
机电产品（包括本目录已具体列名的机电产品）	—	7939271	—	9649523
高新技术产品（包括本目录已具体列名的机电产品）	—	3153290	—	4255101

资料来源：历年《广西统计年鉴》。

表4-2　广西主要出口商品数量及金额（2015～2016年）　　单位：万元

商品名称	2015年		2016年	
	数量	金额	数量	金额
活猪（种猪除外）（万头）	482	7879	283	5393
活家禽（万只）	65	1046	57	984
猪肉（吨）	204	698	37	148
水海产品及其制品（吨）	81172	253471	68678	252073
谷物及谷物粉（吨）	2345	2603	884	1870
蔬菜（吨）	353431	305117	413475	363836
粮食（吨）	89590	88144	98254	96764
鲜、干水果及坚果（吨）	343724	211080	351125	245203

续表

商品名称	2015年 数量	2015年 金额	2016年 数量	2016年 金额
食用油籽（吨）	534	741	521	602
茶叶（吨）	1260	2996	1404	8603
蘑菇罐头（吨）	43	44	—	—
肥料（吨）	404822	76317	135021	25488
中药材及中式成药（吨）	16333	47342	5004	22847
生丝（吨）	993	30307	1090	33398
黏土及其他耐火矿物（吨）	144093	1127	194441	1327
天然硫酸钡（重晶石）（吨）	475403	34811	279738	16519
滑石（吨）	189314	37115	279038	55173
氧化锌及过氧化锌（吨）	613	480	398	220
锌钡白（立德粉）（吨）	2532	791	1186	294
医药品（吨）	2917	72455	2703	69361
烟花、爆竹（吨）	21720	39008	20816	32357
松香及树脂酸（吨）	5892	7387	3909	4668
家用或装饰用木制品（吨）	4951	6963	4139	7165
纸及纸板（未切成形的）（吨）	69131	62284	118498	82882
纺织纱线、织物及制品	—	2061713	—	1909151
水泥及水泥熟料（吨）	3265	181	2098	128
平板玻璃（万平方米）	13	31	0	1
家用陶瓷器皿（吨）	108127	370640	122270	336949
珍珠、钻石、宝石及半宝石	—	69440	—	4981
钢材（吨）	317157	127645	482702	156246
未锻造的铜及铜材（吨）	5415	22864	5104	20729
未锻造的铝及铝材（吨）	47219	79861	58075	99623
液化石油气及其他烃类气（吨）	418465	148068	—	—
磷酸及多磷酸（吨）	195954	92660		
未锻造的锰（吨）	22436	25686	25571	27742
手用或机用工具（吨）	12912	101479	17264	110990
电扇（万台）	4154	60957	3993	54060
金属加工机床（台）	90531	36972	34619	41634

续表

商品名称	2015年		2016年	
	数量	金额	数量	金额
自动数据处理设备及其部件（万台）	2795	444714	2785	552119
轴承（万套）	1867	19383	1745	16708
原电池（万个）	64793	119592	33179	30698
蓄电池（万个）	2353	82850	2410	67684
扬声器（万个）	679	37532	3046	77916
电容器（吨）	1578	168976	342	14577
电线和电缆（吨）	27751	89552	29893	113107
汽车（包括整套散件）（辆）	33161	365999	25124	244728
汽车零件	—	123870	—	—
摩托车（辆）	322980	55508	232754	48798
船舶（艘）	4	15453	8	305
家具及其零件	—	70748	—	64074
灯具、照明装置及类似品	—	335779	—	227848
箱包及类似容器	—	44384	—	87978
服装及衣着附件	—	2610055	—	1218396
鞋类（吨）	—	469895	—	433075
塑料制品（吨）	29059	146915	39215	181195
贵金属或包贵金属的首饰	—	37	—	489
圣诞用品（吨）	3483	34574	3580	26035
竹编结品（吨）	1556	6029	1462	5440
藤编结品（吨）	3465	7312	3354	6987
草编结品（吨）	2365	7225	2115	6575
手表（万只）	7	12469	625	51813
机电产品（包括本目录已具体列名的机电产品）	—	6866537	—	6126798
高新技术产品（包括本目录已具体列名的机电产品）	—	2303430	—	2374451

资料来源：历年《广西统计年鉴》。

表4-3 广西主要出口商品数量及金额（2013~2014年）　　单位：万元

商品名称	2013年		2014年	
	数量	金额	数量	金额
活家禽（万只）	96	1598	69	1161
猪肉（吨）	338	1157	291	934
水海产品（吨）	104818	312875	106071	358334
谷物及谷物粉（吨）	2787	2661	1325	2150
蔬菜（吨）	385042	171948	335260	294916
粮食（吨）	75964	39166	87161	86024
鲜、干水果及坚果（吨）	336781	166872	329849	184542
食用油籽（吨）	1763	1648	895	1401
茶叶（吨）	1440	3824	1253	3649
蘑菇罐头（吨）	1695	2315	865	977
肥料（吨）	373838	78282	423297	83382
药材（吨）	27379	71111	27488	65464
生丝（吨）	875	30901	1147	38214
黏土及其他耐火矿物（吨）	143247	1283	172398	1204
天然硫酸钡（重晶石）（吨）	914521	66256	805971	58504
滑石（吨）	210947	39418	205604	39609
氧化锌及过氧化锌（吨）	301	264	504	319
锌钡白（立德粉）（吨）	4974	1805	4159	1376
医药品（吨）	1916	41638	2410	55383
烟花、爆竹（吨）	19808	37732	19836	35088
松香及树脂酸（吨）	15239	19794	8185	12329
家用或装饰用木制品（吨）	6523	8667	6856	12451
纸及纸板（未切成形的）（吨）	9664	61130	37069	61821
纺织纱线、织物及制品	—	556022	—	1283796
水泥（吨）	87116	2642	12743	620
平板玻璃（万平方米）	295	553	105	184
家用陶瓷器皿（吨）	77384	61186	83310	93844
珍珠、宝石及半宝石	—	447	—	3035
钢材（吨）	146907	74967	171468	129810

续表

商品名称	2013年		2014年	
	数量	金额	数量	金额
未锻造的铜及铜材（吨）	7294	36801	10973	50979
未锻造的铝及铝材（吨）	35794	71111	39926	87326
液化石油气及其他烃类气（吨）	164779	95698	106425	63093
磷酸及多磷酸（吨）	181784	96547	198030	100367
未锻造的锰（吨）	26562	37122	28055	35991
手用或机用工具（吨）	8579	88899	18129	236117
电扇（万台）	2787	35625	3648	54560
金属加工机床（台）	10139	31216	76434	59616
自动数据处理设备及其部件（万台）	3454	322328	3590	492671
轴承（万套）	4477	86339	3203	25149
原电池（万个）	62214	26782	44504	21506
蓄电池（万个）	467	5202	833	43337
扬声器（万个）	118	1447	114	6069
电容器（吨）	533	4906	1553	260977
电线和电缆（吨）	32646	127096	28106	100189
汽车（包括整套散件）（辆）	22235	148324	26855	205618
汽车零件	—	146116	—	132555
摩托车（辆）	53049	11881	184029	37840
船舶（艘）	8	22335	118	5320
家具及其零件	—	77112	—	65955
灯具、照明装置及类似品	—	75005	—	137863
箱包及类似容器	—	59048	—	46962
服装及衣着附件	—	3031522	—	2046793
鞋类（吨）	13733	168482	—	313006
塑料制品（吨）	17767	72394	20168	104808
贵金属或包贵金属的首饰	—	1264	—	1487

附 录

续表

商品名称	2013年		2014年	
	数量	金额	数量	金额
圣诞用品（吨）	4793	31272	3555	22237
竹编结品（吨）	1541	7453	1870	7740
藤编结品（吨）	3904	9026	3713	7752
草编结品（吨）	2687	8334	2342	6235
手表（万只）	28	409	1	31
机电产品（包括本目录已具体列名的机电产品）	—	4659240	—	6597097
高新技术产品（包括本目录已具体列名的机电产品）	—	1221617	—	1768033

资料来源：历年《广西统计年鉴》。

表4-4 广西主要出口商品数量及金额（2011~2012年）　　单位：万元

商品名称	2011年		2012年	
	数量	金额	数量	金额
活猪（种猪除外）（万头）	524	8098	557	10905
活家禽（万只）	86	1351	100	1544
猪肉（吨）	838	2768	1275	4202
水海产品（吨）	76775	202128	103782	247121
谷物及谷物粉（吨）	1981	841	2136	1285
蔬菜（吨）	289062	159128	346496	139604
鲜、干水果及坚果（吨）	404845	137860	433023	180372
食用油籽（吨）	9193	6026	2405	2331
茶叶（吨）	1872	4092	1484	3074
蘑菇罐头（吨）	3295	4377	4526	8058
药材（吨）	29046	61481	26016	61502
生丝（吨）	467	14534	436	12783
黏土及其他耐火矿物（吨）	222393	2231	174818	1985
天然硫酸钡（重晶石）（吨）	1388106	70956	1349680	94495
滑石（吨）	219794	37080	260562	47912
氧化锌及过氧化锌（吨）	735	993	346	321

续表

商品名称	2011 年		2012 年	
	数量	金额	数量	金额
锌钡白（立德粉）（吨）	6956	2496	5133	1903
医药品（吨）	1460	28029	1920	47118
烟花、爆竹（吨）	22930	38776	19708	36118
松香及树脂酸（吨）	33740	54104	19910	20444
家用或装饰用木制品（吨）	6538	7741	5582	6867
纸及纸板（未切成形的）（吨）	5713	7469	11035	23940
纺织纱线、织物及制品	—	302391	—	404151
水泥（吨）	150540	4920	191926	6930
平板玻璃（万平方米）	508	1093	938	1777
家用陶瓷器皿（吨）	134649	85159	123197	82872
珍珠、宝石及半宝石	—	709	—	819
钢材（吨）	388299	189660	206683	104185
未锻造的铜及铜材（吨）	5941	36974	6877	37007
未锻造的铝及铝材（吨）	31626	68327	32643	68186
未锻造的锰（吨）	19725	47734	14524	26901
手用或机用工具（吨）	12544	85477	10735	98584
电扇（万台）	425	11634	980	13747
金属加工机床（台）	10087	5032	10366	11359
自动数据处理设备及其部件（万台）	4540	360037	3635	296760
轴承（万套）	3760	29327	4413	43515
原电池（万个）	63903	26539	15247	6332
蓄电池（万个）	543	1543	593	1720
扬声器（万个）	182	1801	186	2224
电容器（吨）	651	5681	762	5153
电线和电缆（吨）	28258	132470	31933	126525
汽车（包括整套散件）（辆）	18674	152533	17510	128314

续表

商品名称	2011年		2012年	
	数量	金额	数量	金额
汽车零件	—	110109	—	109401
摩托车（辆）	17446	3384	—	40453
船舶（艘）	30	17103	428	3200
家具及其零件	—	136741	—	82831
灯具、照明装置及类似品	—	28770	—	38342
服装及衣着附件	—	1175780	—	2289727
鞋类	—	80868	—	97154
塑料制品（吨）	20577	64454	2183	79180
贵金属或包贵金属的首饰	—	8211	—	2829
圣诞用品	4477	24215	3646	15643
竹编结品（吨）	2746	10561	2112	10320
藤编结品（吨）	5860	13700	4302	11013
草编结品（吨）	3991	10886	3251	9337
手表（万只）	86	1126	78	491
机电产品（包括本目录已具体列名的机电产品）	—	3259798	—	3668384
高技术产品（包括本目录已具体列名的机电产品）	—	741489	—	1004538

资料来源：历年《广西统计年鉴》。

表4-5　广西主要出口商品数量及金额（2009~2010年）　单位：万元

商品名称	2009年		2010年	
	数量	金额	数量	金额
活猪（种猪除外）（万头）	497	7386	669	9432
活家禽（万只）	71	1183	72	1266
猪肉（吨）	128	290	687	1768
水海产品（吨）	47687	103659	69110	164929
谷物及谷物粉（吨）	1297	326	2170	1197
蔬菜（吨）	273923	63060	252215	113291

续表

商品名称	2009 年		2010 年	
	数量	金额	数量	金额
大豆（吨）	20255	9788	7107	3468
鲜、干水果及坚果（吨）	669093	146442	492531	131484
食用油籽（吨）	24872	13239	10282	6112
茶叶（吨）	1166	2206	1555	3070
蘑菇罐头（吨）	10828	9349	9598	9874
填充用羽毛、羽绒（吨）	23	232	86	1691
药材（吨）	33641	60235	30270	58952
生丝（吨）	206	3599	192	4768
黏土及其他耐火矿物（吨）	133585	1326	216767	2266
天然硫酸钡（重晶石）（吨）	848714	36106	1254254	51928
滑石（吨）	132762	18226	204413	28404
氧化锌及过氧化锌（吨）	2126	2322	1936	2423
锌钡白（立德粉）（吨）	10078	3412	7614	2510
医药品（吨）	1137	19355	1399	23796
烟花、爆竹（吨）	27390	44847	25081	41057
松香及树脂酸（吨）	41825	26406	34774	44484
家用或装饰用木制品（吨）	7058	8212	6257	7423
纸及纸板（未切成形的）（吨）	10139	13353	8395	11168
纺织纱线、织物及制品	—	224686	—	227712
水泥（吨）	273168	10900	221156	8664
平板玻璃（万平方米）	3533	5921	1964	4245
家用陶瓷器皿（吨）	96981	56828	137763	85065
珍珠、宝石及半宝石	—	494	—	350
钢材（吨）	205407	89661	417885	182258
未锻造的铜及铜材（吨）	3854	16109	6010	33310
未锻造的铝及铝材（吨）	24532	42500	27650	55215

续表

商品名称	2009 年		2010 年	
	数量	金额	数量	金额
未锻造的锌及锌合金（吨）	—	0	—	0
未锻造的锡及锡合金（吨）	—	0	—	0
未锻造的锰（吨）	—	0	29059	58642
手用或机用工具（吨）	7328	21527	12208	38209
电扇（万台）	335	8260	887	19128
金属加工机床（台）	4446	6881	10704	7495
自动数据处理设备及其部件（万台）	589	32254	2901	245228
轴承（万套）	1139	7849	2261	13619
原电池（万个）	60326	27207	58830	23624
蓄电池（万个）	756	3904	655	2724
扬声器（万个）	519	6562	380	4292
电容器（吨）	472	3245	511	3077
电线和电缆（吨）	21965	76915	31979	126777
汽车（包括整套散件）（辆）	8183	84634	11939	97490
汽车零件	—	31078	—	60948
摩托车（辆）	616	112	2931	610
船舶（艘）	107	40111	304	26387
家具及其零件	—	153081	—	193612
灯具、照明装置及类似品	—	153081	—	34898
箱包及类似容器	—	182443	—	96740
服装及衣着附件	—	964276	—	889206
鞋类	—	107598	—	57586
塑料制品（吨）	32674	91535	29952	71293
贵金属或包贵金属的首饰	—	12869	—	6910
圣诞用品	—	23930	2885	10917
竹编结品（吨）	3268	10227	2809	9283

续表

商品名称	2009年		2010年	
	数量	金额	数量	金额
藤编结品（吨）	5582	12563	6431	14801
草编结品（吨）	5462	14341	5014	12615
手表（万只）	1056	10160	1233	5633
机电产品（包括本目录已具体列名的机电产品）	—	1848509	—	2443292
高技术产品（包括本目录已具体列名的机电产品）	—	297360	—	528617

资料来源：历年《广西统计年鉴》。

表4-6　广西主要出口商品数量及金额（2007~2008年）　　单位：万元

商品名称	2007年		2008年	
	数量	金额	数量	金额
活猪（万头）	7	7597	5	8497
活家禽（万只）	73	1522	66	1672
鲜、冻猪肉（万吨）	—	1921	98	226
水海产品（万吨）	—	7417	—	8431
谷物及谷物粉（万吨）	—	7753	—	555
蔬菜（万吨）	20	44431	29	66638
干豆（万吨）	2	7120	1	7801
鲜、干水果及坚果（万吨）	18	31050	49	112703
食用油籽（万吨）	3	7167	2	8931
茶叶（吨）	1211	2124	1148	2115
蘑菇罐头（吨）	8298	9291	18175	17748
填充用羽毛、羽绒（吨）	319	429	75	55
药材（吨）	24779	36975	29905	48966
生丝（吨）	161	3006	269	4705
黏土及其他耐火矿物（万吨）	18	999	16	880
滑石（万吨）	22	24429	24	30139
氧化锌及过氧化锌（吨）	19257	43908	7747	12613
锌钡白（立德粉）（吨）	10193	4708	8247	3898

续表

商品名称	2007年		2008年	
	数量	金额	数量	金额
医药品（吨）	1455	25553	962	20641
烟花、爆竹（吨）	35807	48476	29364	42885
松香及树脂酸（吨）	80422	521332	57308	40895
家用或装饰用木制品（吨）	13600	13436	1	8822
纸及纸板（未切成形的）（万吨）	1	9353	1	8090
纺织纱线、织物及制品	—	132100	—	202878
水泥（万吨）	66	17426	47	15596
平板玻璃（万平方米）	240	3818	292	6464
家用陶瓷器皿（吨）	147012	87106	12	81543
珍珠、宝石及半宝石（千克）	74381	2834	—	841
钢材（万吨）	73	307709	84	508658
未锻造的铜及铜材（吨）	1825	14576	6603	38335

资料来源：历年《广西统计年鉴》。

表4-7 广西主要出口商品数量及金额（2005~2006年） 单位：万元

商品名称	2005年		2006年	
	数量	金额	数量	金额
活猪（万头）	9	9237	10	9442
活家禽（万只）	89	1854	71	1453
鲜、冻猪肉（万吨）	—	2731	—	1945
水海产品（万吨）	1	25103	1	22016
谷物及谷物粉（万吨）	1	3824	1	3906
蔬菜（万吨）	13	29539	15	33185
干豆（万吨）	3	7937	3	8377
鲜、干水果及坚果（万吨）	28	56404	22	43547
食用油籽（万吨）	1	1564	5	9442

续表

商品名称	2005 年		2006 年	
	数量	金额	数量	金额
茶叶（吨）	2257	3162	1681	2461
蘑菇罐头（吨）	13624	12191	5510	4721
植物榨油后的剩余物（万吨）	1	944	1	452
填充用羽毛、羽绒（吨）	451	745	295	395
药材（吨）	21895	29266	16726	22088
生丝（吨）	39	745	27	573
黏土及其他耐火矿物（万吨）	22	1846	22	1614
重晶石（万吨）	163	43071	190	55249
滑石（万吨）	18	16868	24	26317
氧化锌及过氧化锌（吨）	39449	36441	30200	54684
锌钡白（立德粉）（吨）	16371	4403	16785	5746
医药品（吨）	1197	16884	1418	20337
烟花、爆竹（吨）	37447	48955	37108	49503
松香及树脂酸（吨）	102504	64573	82165	65433
家用或装饰用木制品（吨）	11047	11206	13510	13090
纸及纸板（未切成形的）（万吨）	1	10387	1	11912
纺织纱线、织物及制品	—	67900	—	96382
水泥（万吨）	21	6307	76	19828
平板玻璃（万平方米）	390	5967	305	4197
家用陶瓷器皿（吨）	167117	89577	154327	92041
装饰用陶瓷制品（吨）	391	315	367	226
珍珠、宝石及半宝石（千克）	90111	5272	29247	8966
钢材（万吨）	11	45703	35	130770
未锻造的铜及铜材（吨）	6057	20650	3689	19344

资料来源：历年《广西统计年鉴》。

表4-8 广西主要出口商品数量及金额(2003~2004年)　　单位：万元

商品名称	2003年		2004年	
	数量	金额	数量	金额
活猪（万头）	10	10172	9	8955
活家禽（万只）	146	3029	74	1556
鲜、冻猪肉（万吨）	—	2914	—	3617
水海产品（万吨）	—	10206	1	18565
谷物及谷物粉（万吨）	1	3046	1	4445
蔬菜（万吨）	14	25849	11	23862
干豆（万吨）	3	7830	3	7764
鲜、干水果及坚果（万吨）	16	35169	23	45820
食用油籽（万吨）	3	5802	1	1647
茶叶（吨）	1960	298	1712	2044
蘑菇罐头（吨）	8983	9179	12920	12961
植物榨油后的剩余物（万吨）	6	10826	1	2260
填充用羽毛、羽绒（吨）	728	293	659	2028
药材（吨）	15262	21330	19000	23373
生丝（吨）	338	4147	77	960
黏土及其他耐火矿物（万吨）	20	294	22	1970
重晶石（万吨）	91	19989	125	28836
滑石（万吨）	24	19120	23	18292
氧化锌及过氧化锌（吨）	70508	39307	48815	35582
锌钡白（立德粉）（吨）	16562	3509	15456	3592
医药品（吨）	937	8989	1064	12349
烟花、爆竹（吨）	32748	40475	31100	40324
松香及树脂酸（吨）	106258	39887	125898	49892
轮胎（万条）	18	5223	6	1622
家用或装饰用木制品（吨）	8132	7623	7831	8020
纸及纸板（未切成形的）（万吨）	1	5339	1	6274
纺织纱线、织物及制品	—	44257	—	39612
水泥（万吨）	36	8989	15	4329

资料来源：历年《广西统计年鉴》。

附录2 云南对外经济贸易主要数据情况

表1-1 云南外贸进出口总额（1980～2019年）　　单位：亿美元

年份	进出口总额	出口总额	进口总额	差额
1980	1.10	0.96	0.14	0.82
1981	1.35	1.03	0.31	0.72
1982	1.36	1.09	0.27	0.82
1983	1.47	1.19	0.29	0.90
1984	1.51	1.11	0.39	0.72
1985	2.10	1.29	0.81	0.48
1986	2.65	1.69	0.96	0.72
1987	3.42	2.62	0.80	1.82
1988	4.44	3.42	1.02	2.40
1989	5.48	3.74	1.73	2.01
1990	5.48	4.34	1.14	3.21
1991	5.51	4.01	1.50	2.51
1992	6.71	4.67	2.04	2.63
1993	8.40	5.23	3.17	2.06
1994	13.44	9.10	4.34	4.76
1995	18.96	12.15	6.81	5.35
1996	19.22	10.96	8.26	2.70
1997	19.37	11.72	7.65	4.08
1998	19.03	11.74	7.30	4.44
1999	16.60	10.34	6.25	4.09

续表

年份	进出口总额	出口总额	进口总额	差额
2000	18.13	11.75	6.38	5.37
2001	19.89	12.44	7.45	4.99
2002	22.26	14.30	7.97	6.33
2003	26.77	16.77	9.91	6.85
2004	37.48	22.39	15.09	7.30
2005	47.38	26.42	20.97	5.45
2006	62.32	33.91	28.40	5.51
2007	87.80	47.36	40.44	6.92
2008	95.99	49.87	46.12	3.75
2009	80.19	45.14	35.05	10.09
2010	133.68	76.06	57.62	18.43
2011	160.53	94.73	65.80	28.93
2012	210.05	100.18	109.87	9.69
2013	258.29	159.59	98.70	60.88
2014	296.22	188.02	108.20	79.82
2015	245.27	166.26	79.01	87.25
2016	199.99	115.82	84.17	31.65
2017	233.94	114.30	119.64	5.33
2018	298.95	128.12	170.83	42.71
2019	336.92	150.22	186.70	36.48

资料来源：历年《云南统计年鉴》。

表2-1　云南同主要国家和地区进口总额（2015~2019年）　单位：万元

进口原产地	2019年进口总额	2018年进口总额	2017年进口总额	2016年进口总额	2015年进口总额
亚洲合计	10063697	9246135	6066759	4111584	3390118
缅甸	3298090	2368951	2431419	2375286	2079663

续表

进口原产地	2019年进口总额	2018年进口总额	2017年进口总额	2016年进口总额	2015年进口总额
中国香港	3905	4569	0	1328	3737
中国澳门	—	—	0	0	0
中国台湾	597417	400045	39075	55795	26782
印度	31133	25558	37728	16606	8097
印度尼西亚	6899	2958	16843	2657	3114
伊朗	192744	578645	215587	51146	11834
以色列	8002	5398	4042	3985	3114
日本	47503	27275	30317	27233	21177
科威特	51345	45359	88930	9963	11834
老挝	593402	512920	516062	437728	351282
马来西亚	9134	24106	36380	7971	13702
菲律宾	7202	6499	10779	0	1869
卡塔尔	63977	198653	10106	9299	18062
沙特阿拉伯	1835753	2093545	599602	49817	84706
新加坡	9313	29132	18190	18598	21177
韩国	10575	30850	6063	3321	8097
泰国	473582	250538	115878	89671	117717
阿联酋	512828	367558	153606	22584	51696
越南	1163991	1259488	1138570	858185	476473
非洲合计	135217	161019	119247	25241	44222
南非	49573	114393	80171	22584	29273
坦桑尼亚	366	391	0	0	0
欧洲合计	564277	410424	490461	344071	297095
比利时	3049	4324	1347	664	1246
丹麦	1538	1353	674	664	1246
英国	5843	4742	2695	11956	7474

续表

进口原产地	2019年进口总额	2018年进口总额	2017年进口总额	2016年进口总额	2015年进口总额
德国	56257	46540	53897	92992	105260
法国	16991	167306	5390	9963	4983
爱尔兰	297	272	0	0	0
意大利	16494	14894	11453	17270	14325
荷兰	52270	46149	60634	49817	44222
西班牙	86224	67078	50528	7971	4360
奥地利	7850	6552	24927	80372	62284
芬兰	3235	1791	674	3321	6851
罗马尼亚	283	438	0	0	0
瑞典	9830	8263	5390	4650	3737
瑞士	3387	2871	7411	5314	3737
哈萨克斯坦	—	—	0	0	0
俄罗斯	168627	26738	0	31883	1246
乌克兰	131	—	0	9299	4983
拉丁美洲合计	1777378	1173550	961384	557289	552459
阿根廷	4077	—	18864	0	16817
巴西	436213	362080	313949	87014	85952
智利	623114	281746	226367	160744	178132
圭亚那	—	—	0	0	0
墨西哥	104850	73756	42444	100299	92803
秘鲁	566291	428541	356393	208568	178755
北美洲合计	102933	121549	179207	407837	503255
加拿大	58444	13482	53897	23912	77855
美国	44482	108067	125310	383925	425400
大洋洲合计	228237	192340	241862	144802	133288
澳大利亚	31096	26893	239167	142809	131419

续表

进口原产地	2019年进口总额	2018年进口总额	2017年进口总额	2016年进口总额	2015年进口总额
新西兰	1139	1187	2695	1993	1869
东南亚国家联盟	806207	672013	4286817	3790761	3066864
欧洲联盟	38774	56430	301822	287612	273427

资料来源：历年《云南统计年鉴》。

表2-2　云南同主要国家和地区进口总额（2010~2014年）　单位：万元

进口原产地	2014年进口总额	2013年进口总额	2012年进口总额	2011年进口总额	2010年进口总额
亚洲合计	4227475	3925402	3498446	2245351	1780768
缅甸	2198508	1093150	468097	444965	443144
中国香港	1229	1887	1035736	5297	4097
中国澳门	0	0	0	0	0
中国台湾	180598	588087	108362	13243	7511
印度	9828	25788	22050	97998	110615
印度尼西亚	362425	372350	493928	184078	182993
伊朗	3071	17611	9450	25162	23216
以色列	4914	1887	7560	5959	6145
日本	28871	29562	49771	129119	156363
科威特	4914	3774	7560	11257	4780
老挝	286254	202528	122852	107268	68964
马来西亚	321883	504434	498968	445627	236935
菲律宾	1229	9435	49141	9270	3414
卡塔尔	20271	6290	20790	13905	17753
沙特阿拉伯	82314	34593	56071	121836	55990
新加坡	23957	23272	11340	18540	9559
韩国	369797	494370	17640	11919	4780

续表

进口原产地	2014年进口总额	2013年进口总额	2012年进口总额	2011年进口总额	2010年进口总额
泰国	151727	243411	165063	223145	89448
阿联酋	19043	10692	22050	172159	4097
越南	88456	161016	136712	159578	109932
非洲合计	305297	176112	1076057	393317	176165
南非	211312	58494	888314	236388	64867
坦桑尼亚	614	0	0	0	0
欧洲合计	584795	806969	373596	378750	488209
比利时	10443	12579	23310	17216	1366
丹麦	614	7548	5040	3311	15705
英国	4914	18869	8820	11919	15022
德国	101356	120762	93241	154281	104470
法国	26414	17611	78121	10594	30044
爱尔兰	0	0	0	0	0
意大利	33171	22014	23310	25162	35506
荷兰	31328	39625	34651	36418	32092
西班牙	5529	15724	1890	5959	43700
奥地利	47300	49060	49141	48999	101056
芬兰	5529	629	3150	1986	683
罗马尼亚	0	629	0	0	0
瑞典	49142	9435	5040	12581	9559
瑞士	271512	464180	3150	5959	8194
哈萨克斯坦	0	0	0	0	0
俄罗斯	12900	7548	9450	7284	25264
乌克兰	0	629	8190	3311	0
拉丁美洲合计	610594	525819	1096217	772729	914283
阿根廷	0	4403	0	15229	10925

续表

进口原产地	2014年进口总额	2013年进口总额	2012年进口总额	2011年进口总额	2010年进口总额
巴西	104428	91201	151202	156267	168654
智利	123470	101264	212313	78796	100373
圭亚那	0	0	0	0	0
墨西哥	169541	139002	256414	184078	114029
秘鲁	211927	173596	446677	325116	467725
北美洲合计	715636	401912	338315	222482	192552
加拿大	68799	69816	125372	34432	25947
美国	646223	332725	212313	188051	166606
大洋洲合计	201484	225171	408246	344318	382374
澳大利亚	199027	223284	406986	342332	381691
新西兰	1843	1258	1260	1986	683
东南亚国家联盟	3435054	2610226	1945471	1592471	1144390
欧洲联盟	278269	320775	326975	339021	398078

资料来源：历年《云南统计年鉴》。

表2-3 云南同主要国家和地区进口总额（2005~2009年） 单位：万元

进口原产地	2009年进口总额	2008年进口总额	2007年进口总额	2006年进口总额	2005年进口总额
亚洲合计	1002363	1452073	1154270	751723	681247
缅甸	309203	339504	181824	137960	182927
中国香港	2420	7256	8783	8522	10346
中国澳门	0	173205	135566	61479	76914
中国台湾	13291	47491	166077	105324	91488
印度	98824	136101	108678	37430	6679
印度尼西亚	136843	5840	6691	9119	8732
伊朗	37062	70748	40239	38011	29009

续表

进口原产地	2009年进口总额	2008年进口总额	2007年进口总额	2006年进口总额	2005年进口总额
以色列	6440	27549	13788	8449	11380
日本	48260	38936	37069	27947	11082
科威特	2625	0	0	0	0
老挝	55152	23979	14397	6117	10561
马来西亚	72168	2818	2553	1735	1283
菲律宾	10419	50331	1202	420	2251
卡塔尔	7602	161715	29262	6279	11993
沙特阿拉伯	27914	13285	24624	26196	13358
新加坡	24332	10460	15224	54708	50520
韩国	9674	15234	49506	17351	12365
泰国	22698	118224	85349	32103	25566
阿联酋	7062	110662	151415	107172	45272
越南	87975	28374	4669	9507	13218
非洲合计	113947	162212	220033	104210	110326
南非	48766	16782	51356	27657	25367
坦桑尼亚	10105	51090	96506	62302	82873
欧洲合计	464349	394616	302681	296725	253691
比利时	5073	3307	4833	7957	2342
丹麦	567	2628	2061	3172	2276
英国	7179	19855	7097	13881	8997
德国	153860	138400	100097	113588	101660
法国	19915	7993	8245	14599	12051
爱尔兰	2229	650	16	0	91
意大利	57271	43338	42714	46412	45794
荷兰	24783	19592	19425	20337	14989
西班牙	32720	8227	5395	15624	2127

续表

进口原产地	2009年进口总额	2008年进口总额	2007年进口总额	2006年进口总额	2005年进口总额
奥地利	106277	101713	45275	23686	34637
芬兰	520	2380	3092	6367	2582
罗马尼亚	807	263	5543	864	3741
瑞典	8539	11497	13350	13703	5322
瑞士	14494	5467	4856	10427	9990
哈萨克斯坦	0	0	0	0	0
俄罗斯	6803	9044	16286	2421	174
乌克兰	294	0	3755	589	17
拉丁美洲合计	323403	664402	672068	461632	315616
阿根廷	431	1365	297	26648	11670
巴西	50427	141671	121661	105720	74960
智利	55774	235237	202240	127090	112718
圭亚那	0	0	0	0	0
墨西哥	46066	66112	57259	36518	24391
秘鲁	148268	209929	274630	133941	59955
北美洲合计	170213	415997	305172	214909	193289
加拿大	37007	268056	88059	113176	102662
美国	133206	147941	217113	101741	90628
大洋洲合计	322063	277575	502751	462971	185319
澳大利亚	321359	256844	501564	462665	184831
新西兰	704	854	1187	307	488
东南亚国家联盟	719303	591910	627473	429819	368346
欧洲联盟	425680	378294	265971	281513	237651

资料来源：历年《云南统计年鉴》。

表 2-4 云南同主要国家和地区进口总额（2002～2004 年） 单位：万元

进口原产地	2004 年进口总额	2003 年进口总额	2002 年进口总额
亚洲合计	520025	398331	358352
缅甸	136326	112534	91622
中国香港	83545	84690	115889
印度	75392	33679	27396
印度尼西亚	42062	38372	18084
伊朗	5984	9974	5131
以色列	12018	3774	3501
日本	18093	14319	12845
科威特	8475	9361	2284
老挝	5901	5405	4983
中国澳门	50	0	74
马来西亚	1722	579	1457
菲律宾	348	50	571
卡塔尔	828	803	66
沙特阿拉伯	8873	8815	1837
新加坡	15262	11149	18962
韩国	19649	13392	3294
泰国	15767	8426	4916
阿联酋	13996	6166	4536
越南	42840	23300	23961
中国台湾	5951	7938	9220
非洲合计	62092	23457	13118
南非	30905	22737	13094
坦桑尼亚	30549	513	0
欧洲合计	162604	157453	122684
比利时	10735	9668	8533
丹麦	240	621	1986

续表

进口原产地	2004年进口总额	2003年进口总额	2002年进口总额
英国	2897	3841	3145
德国	72082	84276	62968
法国	7358	10172	8442
爱尔兰	894	902	687
意大利	17960	17431	9295
荷兰	13383	15064	9179
西班牙	4453	720	1217
奥地利	12961	464	25
芬兰	2028	4122	1275
罗马尼亚	1101	0	0
瑞典	5711	4254	1010
瑞士	2111	1672	1382
哈萨克斯坦	0	0	50
俄罗斯	323	8	695
乌克兰	2475	0	3534
拉丁美洲合计	255469	120852	59045
阿根廷	8028	124	670
巴西	38934	29027	11562
智利	78918	39738	20683
圭亚那	8	0	182
墨西哥	57457	22389	7813
秘鲁	40490	29474	14749
北美洲合计	149303	73069	70492
加拿大	114069	49563	18002
美国	35234	23507	52490
大洋洲合计	99411	47162	35705
澳大利亚	82121	47038	35606
新西兰	687	124	99

续表

进口原产地	2004年进口总额	2003年进口总额	2002年进口总额
东南亚国家联盟合计	260244	199807	164547
欧洲联盟合计	151017	151585	108018
亚太经合组织合计	670355	414040	359329

资料来源：历年《云南统计年鉴》。

表3-1 云南同主要国家和地区出口总额（2015~2019年） 单位：万元

出口国家和地区	2019年出口总额	2018年出口总额	2017年出口总额	2016年出口总额	2015年出口总额
亚洲合计	8631855	6946483	6551156	6601782	8009722
阿富汗	1655	1399	0	0	0
孟加拉国	40546	98650	33686	81036	107128
文莱	800	332	2021	2657	27405
缅甸	2308994	1998137	1819691	1653268	1558346
柬埔寨	22366	27574	41096	33212	46713
朝鲜	28	13323	7411	37861	37370
中国香港	1753617	1170234	1249058	1669210	1170316
中国澳门	7648	27209	18864	27898	39239
中国台湾	60815	59783	59286	63766	61661
印度	458017	457753	257357	231816	467753
印度尼西亚	302379	234244	349655	284290	487061
伊朗	55401	34988	5390	16606	101523
以色列	5945	6419	8085	7971	18062
日本	120272	104970	94993	111591	132042
约旦	2690	1432	6063	1993	13080
科威特	1048	471	674	1993	21799
老挝	276165	190934	164385	139488	198063
黎巴嫩	1062	1771	1347	1328	7474

续表

出口国家和地区	2019年出口总额	2018年出口总额	2017年出口总额	2016年出口总额	2015年出口总额
马来西亚	177762	143705	144848	243772	506992
尼泊尔	11593	5869	0	0	19931
阿曼	1041	769	2021	1993	6228
巴基斯坦	24628	37548	48507	22584	34256
菲律宾	106685	50187	57265	69080	76609
沙特阿拉伯	12490	9569	37054	20591	82215
新加坡	138720	110666	89603	50481	326368
韩国	92174	93955	86909	130853	240416
斯里兰卡	14214	11804	12127	20591	39239
叙利亚	1821	1174	674	1993	9343
泰国	617117	434231	545705	670208	933637
土耳其	20745	22965	11453	8635	47336
阿联酋	43518	33681	69392	43175	140139
越南	1920896	1495105	1318450	923280	972253
非洲合计	82485	76760	81519	132182	476473
阿尔及利亚	2841	5047	674	3321	9965
埃及	13683	20246	16169	9299	21799
埃塞俄比亚	697	597	2021	664	1246
肯尼亚	1683	2301	1347	5978	31142
毛里求斯	248	1273	1347	3985	5606
摩洛哥	4986	2626	2021	3321	9343
尼日尔	69	7	0	0	0
尼日利亚	10738	6612	4716	11292	89689
南非	9566	10007	10779	21255	38616
多哥	1255	398	2021	1993	6851
津巴布韦	262	245	0	0	623

续表

出口国家和地区	2019年出口总额	2018年出口总额	2017年出口总额	2016年出口总额	2015年出口总额
欧洲合计	727016	607492	445322	439056	784778
比利时	77643	82814	66697	57788	63530
丹麦	2283	1605	674	1328	6851
英国	133217	83053	46486	36533	89066
德国	124175	129507	94993	86350	138893
法国	36353	30472	33012	31883	47336
爱尔兰	441	239	0	664	8097
意大利	67222	44491	45812	37861	49204
荷兰	106520	65672	45139	48489	110866
希腊	16828	12023	8085	9299	10588
葡萄牙	5007	26168	2695	1993	7474
西班牙	47760	31135	31664	23912	37370
奥地利	90	391	0	0	3737
保加利亚	503	325	0	0	623
芬兰	1614	1631	674	12620	15571
匈牙利	234	285	0	0	3114
马耳他	2069	2175	674	1993	1869
挪威	731	2659	2021	3321	4360
波兰	43304	33635	21559	19263	28028
罗马尼亚	4483	2752	674	3321	5606
瑞典	3269	4092	14148	2657	26782
瑞士	2966	3535	674	664	623
拉脱维亚	324	212	0	664	623
立陶宛	1200	1359	674	664	0
俄罗斯	29545	22229	15495	43839	92180
乌克兰	3690	3986	2695	5314	13702

续表

出口国家和地区	2019年出口总额	2018年出口总额	2017年出口总额	2016年出口总额	2015年出口总额
南斯拉夫	0	0	0	0	0
斯洛文尼亚	7938	10319	2695	2657	4360
捷克	1593	5126	674	664	623
拉丁美洲合计	282606	290420	179881	182663	348168
阿根廷	46980	74558	26948	33212	34256
巴西	120706	93159	63329	55795	148859
智利	21145	23170	16843	9963	19308
哥伦比亚	3814	3322	4042	5978	10588
古巴	917	338	3369	7971	18062
多米尼加	945	431	0	664	1869
海地	393	232	0	664	623
墨西哥	40428	42720	24254	23248	36748
巴拿马	5842	7739	4042	5314	17440
巴拉圭	531	365	674	664	2491
秘鲁	19856	19782	12800	14613	16194
波多黎各	97	27	0	0	0
圣卢西亚岛	0	0	0	0	0
萨尔瓦多	566	584	0	0	623
乌拉圭	14593	18005	7411	2657	13702
委内瑞拉	428	477	674	9299	9343
北美洲合计	440630	450000	334834	243772	567407
加拿大	77822	61036	28970	21920	47959
美国	362801	388964	305864	226502	518826
大洋洲合计	195590	124122	107794	89671	169412
澳大利亚	186052	116847	99709	81036	142008
斐济	110	385	674	0	623

续表

出口国家和地区	2019年出口总额	2018年出口总额	2017年出口总额	2016年出口总额	2015年出口总额
新西兰	8690	6194	6063	5978	22422
巴布亚新几内亚	241	637	0	664	1246
东南亚国家联盟合计	5871899	4685122	4532047	4069073	5133447
欧洲联盟合计	679822	566648	420395	378611	661456

资料来源：历年《云南统计年鉴》。

表3-2 云南同主要国家和地区出口总额（2010～2014年） 单位：万元

出口国家和地区	2014年出口总额	2013年出口总额	2012年出口总额	2011年出口总额	2010年出口总额
亚洲合计	9074144	8004901	5482347	4089438	3491890
阿富汗	0	0	0	0	0
孟加拉国	76171	83653	42841	95350	83986
文莱	26414	23272	3780	662	683
缅甸	2130323	1531542	963285	927010	757919
柬埔寨	8600	8806	4410	4635	2731
朝鲜	30100	23272	630	0	683
中国香港	2017910	2408326	2421758	393317	148170
中国澳门	20271	22643	10710	9932	8877
中国台湾	82928	104409	62371	75485	69647
印度	310826	328951	268384	459532	352330
印度尼西亚	436139	403799	225544	160902	114712
伊朗	317583	55978	26460	91377	109250
以色列	14743	24530	4410	24500	25947
日本	155413	153469	148682	200631	154998
约旦	17200	11950	1890	13243	15022

续表

出口国家和地区	2014年出口总额	2013年出口总额	2012年出口总额	2011年出口总额	2010年出口总额
科威特	16586	11950	1260	11257	5462
老挝	556538	457261	95762	68864	70329
黎巴嫩	6143	10692	630	7946	12973
马来西亚	444739	455374	145532	164213	144073
尼泊尔	0	0	0	0	0
阿曼	20271	10692	10080	662	1366
巴基斯坦	33171	20756	4410	20527	55990
菲律宾	63271	47802	26460	34432	26630
沙特阿拉伯	95213	82395	11970	37080	54625
新加坡	313897	218253	52921	79458	97642
韩国	211312	144663	65521	107268	107884
斯里兰卡	42385	27675	20790	41053	30044
叙利亚	7371	6919	3150	8608	19119
泰国	507395	417636	276574	265522	227376
土耳其	52214	27046	8820	19865	16387
阿联酋	117942	118875	30870	65553	61453
越南	871049	677401	522278	644272	538737
非洲合计	613666	357884	105212	284062	362572
阿尔及利亚	13514	8806	2520	15892	44383
埃及	22114	27046	8190	38405	45748
埃塞俄比亚	2457	4403	630	1324	1366
肯尼亚	33785	15095	10080	17216	21167
毛里求斯	10443	7548	5670	4635	5462
摩洛哥	10443	13208	2520	23175	17070
尼日尔	0	0	0	0	0
尼日利亚	113028	55978	7560	12581	9559

续表

出口国家和地区	2014年出口总额	2013年出口总额	2012年出口总额	2011年出口总额	2010年出口总额
南非	44842	42141	13860	41053	27312
多哥	20886	13837	7560	7284	6828
津巴布韦	0	0	630	1324	3414
欧洲合计	943534	828353	408876	911118	695783
比利时	83542	72332	57961	119187	76475
丹麦	6757	4403	1890	5297	2048
英国	93985	93717	26460	86742	34823
德国	203327	163532	94502	188051	140659
法国	71256	73589	38431	66215	47797
爱尔兰	0.08	629	1260	1324	2048
意大利	67571	57236	43471	88728	77158
荷兰	157256	145292	48511	145011	81254
希腊	12286	7548	3150	14567	15022
葡萄牙	7986	3774	1260	9270	16387
西班牙	43000	62897	24570	75485	71695
奥地利	1229	629	630	0	0
保加利亚	2457	629	630	2649	4097
芬兰	3686	6290	1890	3311	4097
匈牙利	2457	1258	0	662	683
马耳他	4300	13208	2520	7284	4780
挪威	4914	1258	0	662	683
波兰	23343	33335	16380	19202	12291
罗马尼亚	6757	3145	1890	7946	14339
瑞典	8600	7548	2520	4635	2731
瑞士	1229	1258	1260	1324	1366
拉脱维亚	614	629	630	662	683

续表

出口国家和地区	2014年出口总额	2013年出口总额	2012年出口总额	2011年出口总额	2010年出口总额
立陶宛	2457	2516	1260	1324	2048
俄罗斯	98285	37109	22050	19202	16387
乌克兰	6757	10692	10080	19865	29361
南斯拉夫	0	0	0	0	0
斯洛文尼亚	3071	5661	1260	8608	4097
捷克	4300	1887	630	662	683
拉丁美洲合计	286254	266683	145532	402587	314093
阿根廷	30100	20756	18270	30459	52576
巴西	125927	120762	73081	186064	104470
智利	16586	17611	6930	27810	25264
哥伦比亚	11671	10064	3780	7946	8877
古巴	9828	4403	5670	662	683
多米尼加	1843	629	630	1324	2048
海地	0	0	0	0	683
墨西哥	35014	27046	16380	53634	39603
巴拿马	17200	23272	10080	50323	23216
巴拉圭	1843	5032	630	1986	1366
秘鲁	7371	7548	2520	9270	6828
波多黎各	0	0	0	0	0
圣卢西亚岛	0	0	0	0	0
萨尔瓦多	614	0	630	1324	2048
乌拉圭	5529	6290	630	5959	12973
委内瑞拉	8600	8177	1890	6622	10925
北美洲合计	525209	501289	137342	514491	261516
加拿大	49757	55349	17640	29135	20484
美国	468081	445311	119702	484032	239666

续表

出口国家和地区	2014年出口总额	2013年出口总额	2012年出口总额	2011年出口总额	2010年出口总额
大洋洲合计	107499	78621	31501	70850	67598
澳大利亚	81085	66042	27720	53634	49845
斐济	0	0	0	662	1366
新西兰	23957	10692	1890	11919	10242
巴布亚新几内亚	614	629	630	3311	4780
东南亚国家联盟合计	5358364	4242403	2315917	2349970	1980149
欧洲联盟合计	816378	774891	371706	846890	598824

资料来源：历年《云南统计年鉴》。

表3-3 云南同主要国家和地区出口总额（2005~2009年） 单位：万元

出口国家和地区	2009年出口总额	2008年出口总额	2007年出口总额	2006年出口总额	2005年出口总额
亚洲合计	2330159	2646076	2834885	2144946	1723134
阿富汗	0	0	0	0	0
孟加拉国	98257	158628	38724	51996	60667
文莱	171	95	31	8	17
缅甸	529885	531185	500198	420562	339725
柬埔寨	2003	12293	7729	2833	2665
朝鲜	752	2504	6425	226	1142
中国香港	217640	206389	341577	294595	271635
中国澳门	5572	254238	124027	52061	27296
中国台湾	63096	114589	97989	82760	75713
印度	160464	59908	66737	13687	23340
印度尼西亚	98797	2694	5684	8635	7159
伊朗	35394	267611	236093	232438	232851

续表

出口国家和地区	2009年出口总额	2008年出口总额	2007年出口总额	2006年出口总额	2005年出口总额
以色列	5045	1073	265	363	795
日本	136064	540	125	274	99
约旦	984	41695	28036	27996	23811
科威特	684	2234	1077	968	927
老挝	50824	3664	4856	4285	4767
黎巴嫩	1484	59667	43573	27245	25343
马来西亚	78629	0	0	73	25
尼泊尔	27	182	289	56	124
阿曼	2044	45228	107991	2284	9253
巴基斯坦	5244	29417	35469	23605	27089
菲律宾	29815	10095	24570	12339	7151
沙特阿拉伯	9551	109458	255533	349601	92051
新加坡	54338	81588	71179	77425	91472
韩国	60737	23096	20127	5399	4511
斯里兰卡	5545	1927	992	1057	1589
叙利亚	1566	167073	122418	88119	107197
泰国	138546	12526	7394	5076	6100
土耳其	5169	14993	11641	9273	9054
阿联酋	29576	360097	607197	302334	218533
越南	452125	61959	56275	38656	43766
非洲合计	82943	66981	51489	32023	32411
阿尔及利亚	2126	1380	812	968	389
埃及	17775	15183	4341	2300	7002
埃塞俄比亚	41	562	297	0	0
肯尼亚	1067	7146	453	525	836
毛里求斯	3432	3270	3310	1961	1713

续表

出口国家和地区	2009年出口总额	2008年出口总额	2007年出口总额	2006年出口总额	2005年出口总额
摩洛哥	4635	2088	1476	395	695
尼日尔	14	0	0	0	0
尼日利亚	5777	2183	1928	1695	1862
南非	9783	7847	13593	7651	7267
多哥	4922	6978	5301	3381	1142
津巴布韦	62	0	0	8	0
欧洲合计	361525	467496	340383	293812	256274
比利时	67130	60149	47000	54789	36392
丹麦	2297	2431	2046	1420	1341
英国	25911	20125	20010	20611	15096
德国	74684	105742	49256	45685	30466
法国	28824	22570	19448	16027	20104
爱尔兰	732	1832	1413	1767	1738
意大利	47590	84288	64223	48833	50081
荷兰	41034	94004	90432	47477	64168
希腊	2386	3168	3014	2389	2094
葡萄牙	4389	4321	2092	5940	3708
西班牙	37226	28906	19909	12065	9361
奥地利	157	66	710	97	141
保加利亚	588	810	203	4519	455
芬兰	711	1409	1148	1001	910
匈牙利	226	416	398	323	372
马耳他	3035	73	8	218	25
挪威	417	321	109	404	323
波兰	4854	7460	4481	4293	5529
罗马尼亚	1196	1745	820	5811	596

续表

出口国家和地区	2009年出口总额	2008年出口总额	2007年出口总额	2006年出口总额	2005年出口总额
瑞典	1422	1234	632	694	1184
瑞士	1231	715	718	912	463
拉脱维亚	75	285	94	202	563
立陶宛	198	555	687	1009	505
俄罗斯	8655	13614	7534	7005	6108
乌克兰	4512	3424	1538	3252	2342
南斯拉夫	0	0	0	0	17
斯洛文尼亚	356	518	297	5714	1978
捷克	335	6511	2139	1307	190
拉丁美洲合计	87940	207710	220408	42038	20757
阿根廷	6180	12205	31862	6351	2806
巴西	33643	148452	139883	19514	3046
智利	3015	9270	2459	3624	3724
哥伦比亚	2372	5737	1007	1267	1233
古巴	123	343	101	8	25
多米尼加	198	66	0	8	0
海地	27	22	0	0	0
墨西哥	22930	22585	33400	8086	3981
巴拿马	9414	1905	2818	1194	3178
巴拉圭	62	58	0	0	0
秘鲁	1853	2686	843	484	828
波多黎各	232	58	16	73	41
圣卢西亚岛	0	0	0	0	0
萨尔瓦多	226	29	125	32	0
乌拉圭	820	292	86	16	166
委内瑞拉	1593	2110	5247	492	439

续表

出口国家和地区	2009年出口总额	2008年出口总额	2007年出口总额	2006年出口总额	2005年出口总额
北美洲合计	177351	184505	192208	196695	125521
加拿大	15998	17015	24413	21483	15287
美国	159992	166708	167794	175212	110235
大洋洲合计	46175	67514	58258	27439	28330
澳大利亚	42374	63397	52434	21539	25169
斐济	109	0	39	1436	25
新西兰	2434	2613	4083	2106	2152
巴布亚新几内亚	1196	1277	1218	2308	927
东南亚国家联盟合计	1435140	1425568	1698166	1325078	912145
欧洲联盟合计	343838	446298	329515	271950	246118

资料来源：历年《云南统计年鉴》。

表3-4 云南同主要国家和地区出口总额（2002~2004年） 单位：万元

出口国家和地区	2004年出口总额	2003年出口总额	2002年出口总额
亚洲合计	1492984	1121608	952148
阿富汗	0	0	0
孟加拉国	41673	22431	17033
文莱	25	25	58
缅甸	319985	295348	245054
柬埔寨	1142	488	1001
朝鲜	8	0	17
中国香港	259814	196024	200873
中国澳门	26477	17084	21006
中国台湾	44388	48867	63366
印度	16967	5719	2268

续表

出口国家和地区	2004年出口总额	2003年出口总额	2002年出口总额
印度尼西亚	18854	17887	11149
伊朗	205328	135561	107654
以色列	4486	3965	1051
日本	17	17	41
约旦	22041	12068	8715
科威特	612	555	910
老挝	5107	5082	1688
黎巴嫩	15908	8583	10073
马来西亚	0	0	0
尼泊尔	8	0	66
阿曼	11620	2483	2309
巴基斯坦	42782	24516	17091
菲律宾	5065	4784	1150
沙特阿拉伯	21279	24947	29978
新加坡	34630	31469	34911
韩国	2566	2475	3551
斯里兰卡	1291	646	679
叙利亚	91309	63824	31170
泰国	1804	4892	1614
土耳其	6530	1986	1192
阿联酋	237392	159738	110666
越南	41011	22687	24921
非洲合计	17696	20279	10495
阿尔及利亚	223	33	25
埃及	3038	6166	1879
埃塞俄比亚	0	83	298
肯尼亚	157	679	654

续表

出口国家和地区	2004年出口总额	2003年出口总额	2002年出口总额
毛里求斯	25	41	17
摩洛哥	207	869	41
尼日尔	0	0	0
尼日利亚	1093	1184	1871
南非	5181	6920	4014
多哥	488	0	0
津巴布韦	0	0	505
欧洲合计	196985	151982	124050
比利时	24516	10992	6282
丹麦	1771	604	455
英国	13433	14154	14848
德国	26444	19285	18978
法国	14252	15635	12249
爱尔兰	886	1407	546
意大利	34365	23465	23282
荷兰	54610	42784	25045
希腊	803	1953	1283
葡萄牙	3816	1010	331
西班牙	9634	4801	4834
奥地利	8	0	455
保加利亚	257	240	356
芬兰	886	521	356
匈牙利	397	273	116
马耳他	8	0	99
挪威	406	190	74
波兰	1995	1804	5363
罗马尼亚	116	17	0

续表

出口国家和地区	2004年出口总额	2003年出口总额	2002年出口总额
瑞典	612	778	356
瑞士	761	1059	372
拉脱维亚	273	116	91
立陶宛	555	149	58
俄罗斯	4221	7218	5777
乌克兰	1424	728	704
南斯拉夫	0	0	17
斯洛文尼亚	108	1126	83
捷克	306	1167	207
拉丁美洲合计	10677	12556	14840
阿根廷	803	2433	1928
巴西	2847	629	1043
智利	2251	1043	2533
哥伦比亚	372	199	463
古巴	50	141	124
多米尼加	0	414	265
海地	0	0	0
墨西哥	1962	3245	2690
巴拿马	1026	737	488
巴拉圭	0	546	99
秘鲁	290	174	116
波多黎各	17	17	273
圣卢西亚岛	0	0	0
萨尔瓦多	0	1151	2822
乌拉圭	17	497	33
委内瑞拉	770	116	207
北美洲合计	113697	65728	65071

续表

出口国家和地区	2004 年出口总额	2003 年出口总额	2002 年出口总额
加拿大	21834	10321	5777
美国	91863	55406	59294
大洋洲合计	20957	15552	16661
澳大利亚	18374	13881	14376
斐济	74	306	0
新西兰	2044	1068	1895
巴布亚新几内亚	463	281	356
东南亚国家联盟合计	796243	638413	516154
欧洲联盟合计	190091	137390	109309

资料来源：历年《云南统计年鉴》。

参考文献

[1] 曹云华. 正在启动的印马泰北部成长三角 [J]. 国际贸易问题, 1996 (09): 47-49.

[2] 陈东升. 中越跨境劳务合作的问题与对策 [J]. 国际工程与劳务, 2017 (04): 91-92.

[3] 陈太荣, 刘正勤. 巴拉圭的东方市与南方共同市场 [J]. 拉丁美洲研究, 1996 (01): 42-43+32.

[4] 崔玉斌. 我国边境贸易研究热点述评 [J]. 国际贸易问题, 2007 (05): 123-126.

[5] 段春锦, 范爱军. CAFTA边界地区的一体化效应——基于市场潜力变化的研究 [J]. 国际贸易问题, 2014 (03): 104-112.

[6] 范剑勇. 市场一体化、地区专业化与产业集聚趋势——兼谈对地区差距的影响 [J]. 中国社会科学, 2004 (06): 39-51+204-205.

[7] 冯兴元. 全国预算透明度动向分析 [J]. 中国市场, 2010 (24): 56-58.

[8] 高鸿鹰, 赵娴. 提供者交易费用与制造业集聚均衡 [J]. 财贸经济, 2011 (09): 92-98.

[9] 关爱萍,李娜. 中国区际产业转移技术溢出及吸收能力门槛效应研究——基于西部地区省际面板数据的实证分析[J]. 软科学,2014(02):32-36.

[10] 郭力. 产业转移背景下区域就业变动及其影响因素的地区差异——基于1999年~2007年省级面板数据的实证分析[J]. 经济经纬,2012(03):40-44.

[11] 郭丽娟,邓玲. 我国西部地区承接产业转移存在的问题及对策[J]. 经济纵横,2013(08):72-76.

[12] 哈佳. 蒙古国边境地区经贸合作问题研究[D]. 哈尔滨:黑龙江大学,2014.

[13] 韩越,方俊智,郭秋平. 沿边金融开放的区位影响分析——以中国云南省与东盟为例[J]. 新金融,2018(08):15-21.

[14] 胡超,王新哲. 城市化在边境民族地区自生能力构建中的作用[J]. 城市问题,2013(04):61-66.

[15] 胡超,张莹. 我国边境地区的开放模式、形成机理与启示[J]. 西南民族大学学报(人文社会科学版),2017(05):126-131.

[16] 胡超,张莹. 中国沿边开放滞后的原因与模式演进研究综述[J]. 区域经济评论,2015(05):153-160.

[17] 胡超. 边境地区开发开放的国际经验与启示——兼论"一带一路"倡议下我国边境地区的开发开放[J]. 边界与海洋研究,2018,3(03):78-91.

[18] 胡超. 改革开放以来我国民族地区边境贸易发展的演变轨迹与启示[J]. 国际贸易问题,2009(06):3-10.

[19] 胡超. 广西对外贸易与经济增长关系的实证研究[J]. 广西民族大学学报(哲学社会科学版),2009(01):106-109.

[20] 胡超. 突破边界效应:城市化与边境民族地区外向型经济发展——

以中越边境为例[J]. 国际经贸探索, 2009 (08): 15-20.

[21] 胡颖, 段鸿斌. 新疆边境口岸及口岸经济发展研究——以霍尔果斯口岸为例[J]. 新疆财经, 2010 (01): 35-38.

[22] 黄晶晶. 新疆边境贸易新的发展突破分析[J]. 云南财经大学学报(社会科学版), 2010, 25 (04): 17-18.

[23] 黄素心, 王春雷. 区域经济协调发展机制研究[M]. 北京: 北京理工大学出版社, 2015.

[24] 黄先海. 浙江开放模式: 顺比较优势的"倒逼型"开放[J]. 浙江社会科学, 2008 (01): 48-54.

[25] 黄云革. 边境口岸城市如何推进开放型经济转型升级[J]. 传承, 2012 (01): 35.

[26] 黄志勇. 全国沿边开放新模式对广西沿边开放新思路的重要启示[J]. 东南亚纵横, 2015 (02): 69-75.

[27] 金太军. 从行政区行政到区域公共管理——政府治理形态嬗变的博弈分析[J]. 中国社会科学, 2007 (06): 53-65.

[28] 金昭. 中、俄、蒙边境毗邻地区经贸合作的现状及前景[J]. 俄罗斯中亚东欧市场, 2010 (167): 18-21.

[29] 康颖峰. 缅甸民主转型后的缅印关系研究[D]. 长沙: 湘潭大学, 2019.

[30] 蓝秋红, 陈平. 中越边境口岸经济发展存在的问题与对策[J]. 广西大学学报(哲学社会科学版), 2008 (02): 6-9.

[31] 雷振扬, 成艾华, 李俊杰. 民族地区财政转移支付的均衡效应研究——兼以广西壮族自治区为例[J]. 民族研究, 2008 (01): 19-28+107-108.

[32] 雷著宁. 印缅边贸现状与印度东向贸易通道的选择对区域经济合作

的影响 [J]. 东南亚, 2008 (96): 36-44.

[33] 黎鹏. 广西对外开放战略与贸易口岸定位 [J]. 改革与战略, 1999 (04): 21-25.

[34] 李朝晖, 邓翔. 大开发后西部工业发展及其结构变动 [J]. 社会科学战线, 2011 (06): 258-260.

[35] 李刚. 东北地区沿海沿边与腹地经济互动发展的问题思考 [J]. 经济纵横, 2010 (08): 46-49.

[36] 李善同, 侯永志等. 中国区域协调发展与市场一体化 [M]. 北京: 经济科学出版社, 2008.

[37] 李天籽. 中国沿边的跨境经济合作的边界效应 [J]. 经济地理, 2015, 35 (10): 5-12.

[38] 李皖南. 北增长三角东盟次区域经济合作的有益尝试 [J]. 中国—东盟博览, 2007 (10): 58-60.

[39] 李娅, 伏润民. 为什么东部产业不向西部转移: 基于空间经济理论的解释 [J]. 世界经济, 2010, 33 (08): 59-71.

[40] 李志翠, 朱琳, 张学东. 产业结构升级对中国城市化进程的影响——基于1978~2010年数据的检验 [J]. 城市发展研究, 2013, 20 (10): 35-40.

[41] 李忠民, 李善燊. 区域经济一体化与行政管理体制冲突问题研究——以西咸经济一体化为例 [J]. 中国软科学, 2009 (01): 90-96.

[42] 梁双陆, 梁巧玲. 中国沿边开放中内陆边疆一体化效应研究 [J]. 云南民族大学学报（哲学社会科学版）, 2015 (04): 103-111.

[43] 廖乐焕, 赵金洪. 兴边富民行动的实践与成效考察——以云南耿马傣族佤族自治县为例 [J]. 黑龙江民族丛刊, 2011 (06): 79-84.

[44] 刘尔思. 承接与转移的再思考——云南桥头堡建设面临的问题与对

策［J］．经济问题探索，2011（02）：138-143．

［45］刘军，徐康宁．产业聚集、经济增长与地区差距——基于中国省级面板数据的实证研究［J］．中国软科学，2010（07）：91-102．

［46］刘志彪，陈柳．东部地区基本现代化的政府推动与制度安排［J］．审计与经济研究，2014，29（01）：3-10．

［47］刘稚，刘思遥．区域经济一体化下的沿边开放模式探析［J］．思想战线，2012，38（01）：84-86．

［48］卢光盛，冯立冰，张泽然．中缅与印缅经济关系的比较研究［J］．南亚研究，2017，119（01）：102-121+164-165．

［49］卢澜之．演化博弈视角下德宏州边境旅游发展研究［D］．昆明：云南财经大学，2017．

［50］罗洪群，王凤，南剑飞，何彬．油气资源型城市的可持续发展机制［J］．软科学，2011，25（10）：65-68．

［51］马志刚．东南亚"成长三角"区的发展及作用［J］．现代国际关系，1994（01）：34-37+47．

［52］娜日娜．21世纪初蒙古国与俄罗斯关系研究［C］．长春：吉林大学，2018．

［53］彭彦强．区域经济一体化、地方政府合作与行政权协调［J］．经济体制改革，2009（06）：138-141．

［54］皮建才．中国地方政府间竞争下的区域市场整合［J］．经济研究，2008（03）：115-124．

［55］如何认识扩大沿边开放的战略意义及有利条件？［J］．新长征（党建版），2014，530（01）：31-32．

［56］萨秋荣，邢珺．我国扩大内陆沿边地区开放的模式选择［J］．经济纵横，2015（09）：54-57．

[57] 宋周莺, 车姝韵, 王姣娥, 郑蕾. 中国沿边口岸的时空格局及功能模式 [J]. 地理科学进展, 2015 (05): 589–597.

[58] 孙一. 新时代不同国际跨境经济合作区模式的比较与借鉴 [J]. 对外经贸实务, 2019 (363): 90–93.

[59] 泰马印 (尼) 经济三角区概况 [J]. 技术经济信息, 1994 (01): 45–46.

[60] 汤敏. 成长三角区在亚太地区的发展及对我国的启示 [J]. 太平洋学报, 1995 (02): 118–125.

[61] 陶希东. 跨界区域协调: 内容、机制与政策研究——以三大跨省都市圈为例 [J]. 上海经济研究, 2010 (01): 56–64.

[62] 王必达. 区际贸易与区域发展 [M]. 北京: 经济科学出版社, 2010.

[63] 王春晖, 赵伟. 集聚外部性与地区产业升级: 一个区域开放视角的理论模型 [J]. 国际贸易问题, 2014 (04): 67–77.

[64] 王春雷, 黄素心. 区域政策协调模式比较分析 [J]. 中南财经政法大学学报, 2011 (01): 34–38+49.

[65] 王春雷. 区域政策协调模式选择及其对区域市场一体化的影响 [J]. 中央财经政法大学学报, 2015 (05): 106–112.

[66] 王健, 鲍静, 刘小康, 王佃利. "复合行政"的提出——解决当代中国区域经济一体化与行政规划冲突的新思路 [J]. 中国行政管理, 2004 (03): 44–48.

[67] 王亚丰, 郝雪, 于天福. 中国东北东部沿边地区交通建设区域影响分析 [J]. 东北师范大学学报 (自然科学版), 2012 (04): 142–146.

[68] 邬冰, 王亚丰, 佟玉凯. 中国沿边口岸与城市腹地互动机理研究 [J]. 城市发展研究, 2012 (09): 32–38.

[69] 吴德进. 企业间专业化分工与产业集群组织发展——基于交易费用的分析视角 [J]. 经济学家, 2006, 6 (06): 89-95.

[70] 吴昊, 闫涛. 长吉图先导区: 探索沿边地区开发开放的新模式 [J]. 东北亚论坛, 2010, 19 (02): 3-10.

[71] 冼国明, 文东伟. FDI、地区专业化与产业集聚 [J]. 管理世界, 2006 (12): 18-31.

[72] 冼军李, 陈涛, 张弛, 周蕾. GMS 背景下我国域内边境城市发展动力机制研究——以西双版纳景洪市为例 [J]. 特区经济, 2017 (12): 81-82.

[73] 徐现祥, 李郇, 王美今. 区域一体化、经济增长与政治晋升 [J]. 经济学 (季刊), 2007 (04): 1075-1096.

[74] 徐现祥, 李郇. 市场一体化与区域协调发展 [J]. 经济研究, 2005 (12): 57-67.

[75] 许召元, 李善同. 区域间劳动力迁移对地区差距的影响 [J]. 经济学 (季刊), 2009, 8 (01): 53-76.

[76] 杨逎裕. 广西边境城镇化发展模式探索 [J]. 广西城镇建设, 2012 (07): 20-26.

[77] 杨树旺, 易明, 王文成. 基于交易费用的产业集群发展研究 [J]. 管理世界, 2006 (11): 154-155.

[78] 杨小娟. 我国边境贸易的影响因素和区域格局 [J]. 改革, 2013 (06): 110-117.

[79] 杨颖, 穆荣平. 基本公共服务与经济增长关系的理论与实证研究 [J]. 科学学与科学技术管理, 2012, 33 (11): 96-101.

[80] 袁冬梅, 魏后凯. 对外开放促进产业集聚的机理及效应研究——基于中国的理论分析与实证检验 [J]. 财贸经济, 2011 (12): 120-126.

[81] 袁喜清. 东盟区域经济合作: 回顾与前瞻 [J]. 现代国际关系,

1992（01）：35-39+66-67.

［82］远帆. 巴拉圭经济情况［J］. 国际经济评论，1983（01）：72-73.

［83］张必清，博斌. "桥头堡"建设中滇越边境口岸物流体系的构建［J］. 云南民族大学学报（哲学社会科学版），2013（02）：108-112.

［84］张必清. 云南边境口岸经济发展分析［J］. 曲靖师范学院学报，2013（04）：8-15.

［85］张复明. 区域性交通枢纽及其腹地的城市化模式［J］. 地理研究，2001，20（01）：48-54.

［86］张紧跟. 从区域行政到区域治理：当代中国区域经济一体化的发展路向［J］. 学术研究，2009（09）：42-49.

［87］张军. 分权与增长：中国的故事［J］. 经济学（季刊），2007，7（01）：21-52.

［88］张丽君，董益铭，拓俊杰. 民族地区新型口岸城镇发展动力机制研究——以内蒙古自治区二连浩特市为例［J］. 民族研究，2014（01）：37-49+124.

［89］张丽君，吴凡. 民族地区沿边开放效果及政策研究——以云南省为例［J］. 黑龙江民族丛刊，2014（01）：83-91.

［90］张梅. 中国沿边开放中进出口贸易的边界效应分析［D］. 昆明：云南大学，2015.

［91］张松林，耿瑞霞. "区域全球化"、"区域地方化"与区域经济增长——兼论改革开放以来中国沿海地区的经济增长模式［J］. 学习与实践，2013（10）：47-55.

［92］张秀杰. 蒙古国经济可持续发展动因分析［J］. 商业经济，2020（09）：11-14.

［93］张玉新，李天籽. 国际区域经济一体化背景下中国沿边城市经济空

间分布与影响因素［J］．管理世界，2014（10）：172-173．

［94］郑毓盛，李崇高．中国地方分割的效率损失［J］．中国社会科学，2003（01）：64-72+205．

［95］朱陆民，康颖峰．缅甸民主转型对印缅关系的机遇与挑战［J］．印度洋经济体研究，2019（02）：68-81．

［96］朱卫平，陈林．产业升级的内涵与模式研究——以广东产业升级为例［J］．经济学家，2011（02）：60-66．

［97］［英］彼得·迪肯．全球性转变——重塑21世纪的全球经济地图［M］．刘卫东等译．北京：商务印书馆，2007．

［98］GANZORIG BOLORTUYA（包勒尔图雅）．中国二连浩特口岸与蒙古国扎门乌德口岸边境贸易发展研究［D］．大连：东北财经大学，2017．

［99］Hanson G H. Globalization, Labor Income, and Poverty in Mexico［R］. NBER Working Papers, 2005.

［100］Akamatsu, Kaname. A Historical Pattern of Economic Growth in Developing Countries［J］. The Developing Economies, 1962（01）：3-25.

［101］Anderson, James E, E. Van Wincoop. Gravity with Gravitas: A Solution to the Border Puzzle［J］. American Economic Review, 2003, 93（01）：170-192.

［102］Brocker. How Do International Barriers Affect Interregional Regional and Industrial Theories, Anderson, Isard and T Puu, eds［M］. Elsevier Science Publishers, 1984.

［103］Castells, Manuel. The Rise of the Network Society［M］. Malden, MA: Blackwell, 1996.

［104］Cletus C Coughlin, Dennis Novy. Is the International Border Effect Larger than the Domestic Border Effect? Evidence from US Trade［J］. CESifo Economic Studies, 2013, 59 (02): 168 – 181.

[105] E Andersson, W Isard, T Puu. Regional and Industrial Development Theories: Models and Empirical Evidence [M]. Amsterdam: North Holland, 1984.

[106] Hanson G H. U. S. Mexico Integration and Regional Economies: Evidence from Border – City Pairs [J]. Journal of Urban Economics, 2001, 50 (02): 259 – 287.

[107] Herbert Giersch. Economic Union Between Nations and the Location of Industries [J]. The Review of Economic Studies, 1949, 17 (02): 251 – 273.

[108] James E. (James Everett) Anderson, Eric Van Wincoop. Borders, Trade, and Welfare [J]. Brookings Trade Forum, 2001 (01): 136 – 154.

[109] Krugman P. The Myth of Asia's Miracle [J]. Foreign Affairs, 1994, 73 (06): 62 – 78.

[110] Liu, Xiaoyun, John Whalley, Xian Xin. Non – tradable Goods and the Border Effect Puzzle [J]. Economic Modelling, 2010, 27 (05): 909 – 914.

[111] McCallum, John. National Borders Matter: Canada – US Regional Trade Patterns [J]. The American Economic Review, 1995, 85 (03): 615 – 623.

[112] Rupert Kawka D. Regional Development along the Former Inner – German Border after Unification [R]. ERSA Conference Papers, 2003.

[113] Sassen, Saskia, and Princeton University Press. The Global City: New York, London, Tokyo [J]. Political Science Quarterly, 2013, 107 (02): 501 – 502.

[114] Scott, Allen J. Regions and the World Economy: The Coming Shape of Global Production, Competition, and Political Order [R]. OUP Catalogue, 1999.

[115] Taylor, Peter J. Specification of the World City Network [J]. Geographical Analysis, 2001, 33 (02): 181-194.

[116] Traistaru I, Nijkamp P, Longhi S. Regional Specialization and Location of Industrial Activity in Accession Countries [R]. ERSA Conference Papers, 2002.

[117] Umber, Marc P, Michael H Grote, Rainer Frey. Same as It Ever Was? Europe's National Borders and the Market for Corporate Control [J]. Journal of International Money and Finance, 2014 (40): 109-127.

[118] World Bank. The East Asian Miracle (Economic Growth and Public Policy) [M]. Oxford: Oxford University Press, 1993.

[119] Young, Alwyn. The Tyranny of Numbers: Confronting the Statistical Realities of the East Asian Growth Experience [J]. The Quarterly Journal of Economics, 1995, 110 (03): 641-680.

后 记

2015年12月至2020年7月,我们受广西社科规划办的资助,完成了课题"滇桂沿边开放模式比较与合作机制研究"(批准号:15AJL002)。在该课题的研究过程中,收集了大量广西、云南的数据、案例和资料,可以说本书就是在课题结题报告的基础上补充、修改和完善而成的。因此,在本书出版之际,要非常感谢广西社科规划办的资助以及匿名评审专家提出的宝贵建议。

感谢广西民族大学经济学院(原商学院)、社科处、教务处等有关领导,广西民族大学王新哲教授、胡超教授、刘志雄教授、陈敏娟副教授、高斌副教授、张丞副教授,广西财经学院聂勇教授,广西大学王春雷副教授,没有他们的大力支持,不可能有本书的顺利出版,在此特向他们表示衷心的感谢。

感谢广西民族大学经济学院(原商学院)研究生郭瑞、潘昱、耿艺协助并进行了大量的研究工作,并对本书进行了有益的补充和完善。

写作过程中参考了很多国内外的文章及著述,在这里请接受我们诚挚的谢意。囿于学识和时间等问题,本书难免存在不足与疏漏之处,敬请专家和读者指正。

黄素心

2020年12月于南宁相思湖畔

4